AF590685

LE BIENHEUREUX

# J.-M.-B. VIANNEY

## CURÉ D'ARS

PAR

A. JEANNIARD DU DOT

TOURS

MAISON ALFRED MAME ET FILS

L 27 n 787 E

LE BIENHEUREUX

# J.-M.-BAPTISTE VIANNEY

CURÉ D'ARS

---

3e SÉRIE IN-12

BIBLIOTHÈQUE NATIONALE R.F. IMPRIMÉS

8° Ln27 44787 E

PROPRIÉTÉ DES ÉDITEURS

L'instruction de onze heures.

BF

# LE BIENHEUREUX

# J.-M.-B. VIANNEY

## CURÉ D'ARS

PAR

A. JEANNIARD DU DOT

TOURS

MAISON ALFRED MAME ET FILS

# PRÉFACE

BIBLIOTHÈQUE NATIONALE
R.F.
IMPRIMÉS

On ne trouvera presque rien dans ce petit volume qui ne soit contenu dans les publications officielles de la sacrée Congrégation des Rites.

Le curé d'Ars, dont les vertus et les miracles ont étonné le monde, a droit désormais au titre de Bienheureux, et, si nous l'appelons souvent *le saint curé*, c'est selon les latitudes accordées au langage le plus usuel, non selon la rigueur des termes canoniques.

Le curé d'Ars semble avoir été à notre époque l'idéal vivant du prêtre, sacrificateur et victime, à l'exemple du divin Modèle.

Si tout n'est pas à imiter dans sa vie, les choses simplement admirables ne doivent pas détourner notre attention de celles qui sont absolument imitables.

Les saints sont des modèles et des victimes en même temps. Tel fut le curé d'Ars, holocauste vivant qui s'immole par le glaive de la pénitence, et se consume corps et âme dans le feu de la charité, médiateur entre Dieu et les hommes, se sacrifiant lui-même à un double amour et continuant ainsi, pour sa part, comme le disait et le faisait si bien l'Apôtre, la passion même de Jésus-Christ.

Voilà le spectacle sublime que les plus jeunes lecteurs trouveront mis à leur portée dans le petit livre que nous leur offrons, à la gloire de Dieu et de son vénérable serviteur, et pour le bien des âmes.

---

# LE BIENHEUREUX

# J.-M.-B. VIANNEY

## CURÉ D'ARS

## I

### Sa naissance, son enfance, sa vocation.

Jean-Marie-Baptiste Vianney naquit à Dardilly, non loin de Lyon, le 8 mai 1786. Ses parents, bons laboureurs, n'avaient reçu de leurs aïeux qu'une modeste aisance ; mais leur principal avoir était dans leurs vertus héréditaires, et ils sanctifiaient leur humble fortune par la charité. Trois années avant la naissance de cet enfant qui devait être le curé d'Ars, avait passé à leur foyer ce pauvre volontaire dont Rome vit durant de longues années l'incomparable pénitence : nous avons nommé Benoît-Joseph Labre. Comme *des forts naissent les forts*, des saints aussi naissent les saints : ce qui est doublement vrai du vénérable serviteur de Dieu ; car il descendait de la race des saints, et un saint avait par avance béni la maison de ses pères et son pieux berceau.

Jean-Marie eut dès son enfance le signe des élus. Tout petit, sa mère lui joignait les mains dans les siennes et lui faisait balbutier le doux nom de Jésus. Elle lui apprenait à connaître et à aimer Dieu dans la mesure de sa petite intelligence et de son petit cœur, et elle commençait ainsi l'œuvre de sa sanctification. Il profita de bonne heure de ses enseignements : « Mon frère, nous apprend sa sœur Marguerite, n'avait que trois ans quand, un jour, il disparut sans qu'on pût savoir ce qu'il était devenu. Comme il y avait près de la maison une mare d'eau, ma mère craignit un malheur; elle le chercha, mais étant entrée dans l'étable, elle entendit un léger chuchotement. C'était Jean-Marie qui, à genoux entre deux vaches, faisait dévotement sa prière. »

Ses hochets et ses joujoux furent des médailles, des images, des objets de piété; ses conversations avec sa bonne mère n'étaient que de Dieu. Son caractère était doux et charmant. Un jour, sa petite sœur voulut avoir son chapelet, auquel il tenait comme à sa vie. Hésitant, il consulte sa mère ; elle l'engage à céder, il le donne aussitôt et va se cacher pour laisser libre cours à ses larmes et à ses regrets.

Ce qu'il fuyait avec horreur, c'étaient les mauvais propos et les blasphèmes, que tout le soin jaloux de ses parents ne pouvait pas toujours empêcher d'arriver jusqu'à lui. Mais leurs bons exemples eussent au besoin servi d'antidote à tous les poisons.

Quand il fut en âge d'être utile, on l'envoya garder les troupeaux. Il s'acquittait en conscience de cet emploi, comme il le fit plus tard de tous ses devoirs. Cependant il aimait à confier ses moutons à quelque bon camarade pour aller à l'écart faire une prière. Parfois il réunissait autour de lui ses compagnons pour prier et chanter des cantiques devant une petite madone qu'il mettait au milieu d'eux sur un autel rustique, ou qu'il fixait sur le bout de son bâton. Un de ses amis d'enfance a déposé en ces termes au procès de béatification : « On lui voyait sans cesse remuer les lèvres, et il avait toujours le chapelet à la main. Il nous le faisait souvent réciter. Aussitôt qu'il entendait sonner l'horloge de la paroisse, il se découvrait et disait l'*Ave Maria*. Il était très exact à nous faire réciter l'*Angelus*. Mais, pour l'*Ave Maria* de toutes les heures, il nous laissait libres. Si, lorsque l'*Angelus* sonnait, nous continuions à travailler, il nous disait : « Il y a temps « pour travailler et temps pour prier. »

Pourtant il ne faut pas croire que Jean-Marie n'eût qu'à parler pour être obéi. Il avait dès lors ses mécontents et ses envieux. Un de ses camarades, d'une humeur brutale, ne lui ménageait pas les coups de pieds dans les jambes. Et il agissait ainsi, comme le Bienheureux le racontait dans un moment d'épanchement, « parce qu'il savait que je ne disais jamais rien. »

C'est que sa charité ne le cédait en rien à sa piété. Pour seconder ses parents qui lui donnaient l'exemple de l'aumône, il courait à la recherche des pauvres, les réunissait dans la demeure de son père; il en faisait une couronne au foyer et à la table hospitalière. Matthieu Vianney ne rebutait jamais un mendiant : il en eut un jour vingt-quatre amenés par son fils. Tous prenaient part avec la famille à la chaleur du foyer, à la vaste marmitée de pommes de terre, puis à la prière publique, après laquelle ils allaient prendre leur repos dans les étables. Mais jamais ils ne s'en retournaient les mains vides, et Jean-Marie trouvait toujours quelque chose à leur donner après l'avoir obtenu de ses parents. Il apprenait volontiers la prière aux plus petits, les catéchisait et avec eux, sans qu'ils s'en doutassent, les pères et les mères.

En voyant sa piété et son recueillement pendant le saint sacrifice, les voisins disaient : « Il faut en faire un prêtre. » La voix du peuple était là du moins la voix de Dieu.

Cependant vint la Révolution, qui ferma les portes des églises, où Jean-Marie trouvait déjà son bonheur. Il avait environ sept ans quand sa mère, lui montrant les temples proscrits et mettant sa main sur son cœur, lui fit entendre qu'il n'y avait plus pour adorer Dieu que le sanctuaire inviolable de l'âme.

D'ailleurs, il pressentait dès lors son avenir; il

entrait déjà dans sa vocation, il s'était déjà donné à Dieu. Témoin cette réponse qu'il fit à Marion Vincent, petite fille de son âge qui, conduisant avec lui un âne au moulin, lui dit : « Si nos parents voulaient, nous nous marierions. — Pour ce qui est de moi, dit-il vivement, n'en parlons pas, n'en parlons jamais. »

Cependant la bonne population de ce pays ne resta pas longtemps privée de son culte, et des prêtres courageux vinrent habiter la paroisse d'Écully, voisine de Dardilly. L'un d'eux, M. Balley, ancien génovéfain, devait être le modèle et le maître en sainteté du futur curé d'Ars, qui l'eut toujours présent à son souvenir.

Deux saintes religieuses, également réfugiées dans cette paroisse, aidaient ces bons prêtres en enseignant le catéchisme aux enfants et en les préparant à la première communion.

On se réunissait le plus souvent que l'on pouvait autour de ces prêtres fidèles, et comme la famille Vianney ne manquait à aucun rendez-vous, M. Groboz, sulpicien qui devait, à la réouverture des églises, inaugurer de nouveau le culte à Fourvières, remarqua un jour cet enfant : « Quel âge as-tu ? lui dit-il. — Onze ans. — Et depuis quand t'es-tu confessé ? — Je ne me suis jamais confessé. — Jamais ! » reprit M. Groboz. Et il exigea que l'enfant fût laissé chez ses grands parents à Écully, pour suivre le catéchisme et se préparer à recevoir Jésus-Christ. Il accomplit ce grand acte en 1799, à l'âge de treize ans. Comme c'était au temps des fauchaisons, la porte de la maison où se célébrait en cachette l'auguste cérémonie avait été masquée par un entassement de charrettes pleines de foin.

Les fruits de cette première communion furent très sensibles chez le jeune Vianney. Sa piété et sa charité croissaient encore, sa présence inspirait la vertu, son obéissance égalait sa piété. Il travaillait courageusement aux champs avec ses frères, s'affligeant quelquefois de ce que son aîné François en faisait plus que lui. Mais un jour il pria tant la sainte Vierge, s'arrêtant au bout de chaque sillon devant la statuette qu'il tirait de son étui, que, le soir arrivé, Jean-Marie avait égalé son frère et regagné largement le temps qu'il semblait ainsi avoir perdu.

Au reste, en travaillant, il priait toujours : « Quand j'étais seul aux champs avec ma pelle ou ma pioche à la main, disait-il plus tard, je priais tout haut; mais, quand j'étais en compagnie, je priais à voix basse. »

Le soir, malgré sa fatigue, il étudiait à la lumière son catéchisme, ses évangiles et ses prières, les apprenait, puis les méditait et ne cédait au sommeil qu'à contre-cœur. C'est ainsi, comme il le dit encore lui-même, qu'en cultivant ses champs il cultivait son âme et en arrachait la mauvaise herbe, pour la préparer à recevoir la bonne semence du bon Dieu.

Cette mauvaise herbe, il était seul à la voir, et en parcourant les témoignages rendus au cours du procès de béatification, nous ne rencontrons que des preuves de vertu. Ses traits de charité surtout ne se comptent pas. En voici un qui peut faire supposer les autres. Un jour, revenant de Dardilly à Écully avec des souliers neufs, il rencontre un pauvre qui marchait pieds nus, et les lui donne aussitôt. Son père lui fit sentir que la vertu même et la première des vertus, la charité, a des bornes qu'il ne faut point franchir. Mais ce n'était point là, évidemment, quelque invasion de la mauvaise herbe, c'était seulement l'exubérance de la bonne.

---

## II

**Jean-Marie chez M. Balley. — Il devient malgré lui réfractaire.**

Après le 18 brumaire, le premier consul ayant signé le Concordat et rétabli le culte public, M. Ch. Balley fut nommé curé d'Écully, vers le milieu de février 1803. Éloigné d'une lieue seulement de cette paroisse, Jean-Marie était de toutes ses fêtes : « Permettez-moi, disait-il un jour à son père souffrant, de faire encore aujourd'hui la course d'Écully ; je dirai tant de *Pater* et d'*Ave*, qu'il faudra bien que vos douleurs s'en aillent. »

En voyant la ferveur avec laquelle le saint confesseur offrait le sacrifice de la messe, le jeune Vianney voulut le connaître mieux. Celui-ci le devina au premier regard, et la vocation sacerdotale de Jean-Marie ne lui parut pas douteuse. Il avait toujours dit : « Si j'étais prêtre, je voudrais gagner bien des âmes au bon Dieu... » Comme ses parents hésitaient encore devant les difficultés de la situation, M. Balley lui dit : « Soyez tranquille, mon ami, je ferai pour vous tous les sacrifices qui seront en mon pouvoir. » Cette parole décida Matthieu Vianney et sa femme. Leur fils avait attendu patiemment jusqu'à cette heure, sachant bien que ce que Dieu veut arrive tôt ou tard. Il est bien vrai qu'à l'âge où les autres jeunes gens achèvent leurs études il ne savait presque rien, ayant la conception lente et la mémoire ingrate. M. Balley l'encourageait. Pour lui, presque vaincu par des obstacles qu'il ne se croyait nullement capable de surmonter, mais déjà plein de la foi qui fait les prodiges, il ne craignit point de demander un miracle. Afin d'obtenir la grâce d'en savoir assez pour être un bon ouvrier du Christ, il fit vœu d'aller au tombeau de saint François Régis, à pied, demandant l'aumône. Mais il eut à subir de telles avanies, qu'arrivé à la Louvesc il se crut obligé de faire commuer son vœu et revint, toujours à pied, mais en payant ses dépenses. A partir de ce moment, il étonna son maître par ses progrès.

C'est la seule fois dans sa vie que le curé d'Ars ait voulu mendier : « Je m'en suis mal trouvé, disait-il, on me prenait pour un voleur : il vaut mieux donner que de demander. » Plus tard il a reçu beaucoup de Dieu et des hommes, mais il ne demandait qu'à Dieu. Benoît Labre avait choisi la vie de mendiant, Jean-Marie Vianney pratiqua différemment la pauvreté. Tout était pauvre en lui : son vêtement, son logement, sa nourriture; aimant mieux donner que de recevoir, il échangeait son pain contre le pain moisi des mendiants. Ainsi, dans chaque saint nouveau dont l'Église veut nous offrir le consolant et fortifiant spectacle, la vertu est toujours la même et toujours nouvelle.

On remarque, dès cette époque, les habitudes d'extrême mortification qui devaient s'accentuer plus tard chez le curé d'Ars au point d'arriver jusqu'à un miraculeux excès. Il disait à sa cousine Marguerite, dont les parents lui donnaient l'hospitalité durant ses études auprès de M, Balley : « Aie bien soin de tremper ma soupe avant d'y avoir mis ton beurre et ton lait; je n'en veux pas. » On dirait qu'il avait aussi dès lors le germe de ce don d'intuition qui en fit plus tard le prophète des vocations. Un de ses cousins germains voulant entrer dans la vie religieuse, ses parents exigèrent qu'il consultât Jean-Marie et s'en remît à sa décision : « Reste où tu es, mon ami, lui dit-il aussitôt. Tes vieux parents ont besoin de toi : les secourir, les assister, voilà ta vocation. »

Jean-Marie avançait donc vers l'autel : il semblait que ce ne fût plus qu'une affaire de temps. Aussi l'époque de la conscription approchant, M. Balley ne manqua point d'aller à Lyon le faire inscrire parmi les candidats au sacerdoce, afin qu'il fût considéré comme exempt du service. Comment l'évêché oublia-t-il de le porter sur la liste? Toujours est-il qu'on ne s'en aperçut qu'au moment où il devait passer son examen pour entrer en philosophie. Le fait s'ébruita aussitôt, et l'autorité militaire s'empressa, sans autre information, d'expédier à Vianney sa feuille de route pour Bayonne. On était en 1809.

La famille Vianney fut consternée. Le père se décida à payer un remplaçant au prix énorme de trois mille francs. Mais deux jours après celui-ci vint rendre l'argent, et Jean-Marie, qui avait déjà fait tant d'efforts pour dominer son profond chagrin, tomba malade.

Mais l'autorité ne lâche pas sa proie : on le traîne à l'hôpital de Lyon, où les bons soins des religieuses le ramènent peu à peu à la santé. Il profitait de leur prédilection, qu'il devait à sa patience et à sa piété, pour faire partager à ses compagnons de souffrances les petites douceurs dont elles le comblaient.

Au sortir de l'hôpital, il fut désigné pour un détachement qui se formait à Roanne, à destination de l'Espagne. Le matin du 6 janvier, la colonne partait. Mais Dieu ne voulait pas que Jean-Marie Vianney fût soldat. Lui-même éprouvait une horreur indicible pour toute autre profession que le sacerdoce, et surtout pour le sanglant métier des armes. Le matin du départ, il s'oublie à l'église, passe l'heure fixée, et, quand il va demander sa feuille de route, le capitaine de recrutement, furieux, ne parle de rien moins que de l'envoyer conduire par les gendarmes. Quelques employés s'interposèrent, et on le laissa partir seul.

Il ne songeait point à fuir, mais il sentait qu'il ne rejoindrait jamais le régiment. Triste, songeur, il prit son chapelet, et, tandis qu'il priait, voici qu'un inconnu s'approche de lui : « Où allez-vous, lui demande ce jeune homme, et pourquoi êtes-vous triste ? » Jean-Marie lui dit en deux mots sa situation. Peine inutile sans doute ; car le jeune homme aussitôt, comme s'il était venu pour cela, se charge de le conduire, le rassure contre tout péril et l'allège du poids de son sac qui accablait le pauvre convalescent. Jean-Marie le suit, résigné à tout, sauf à tomber aux mains des gendarmes. Fatigué, mais toujours réconforté par son compagnon, il arrive à dix heures du soir à la porte d'une maison isolée. Le guide frappe, on ouvre, et le jeune ménage qui habitait la chaumière reçoit aussitôt cet étranger errant, sur la recommandation de cet inconnu. Depuis ce moment M. Vianney ne l'a jamais vu, jamais n'en a ouï parler. Raphaël se fit connaître à Tobie ; l'ange du curé d'Ars a voulu rester caché.

Ces excellents chrétiens s'empressèrent d'offrir à Jean-Marie Vianney leur unique lit et allèrent coucher au fenil. Le lendemain matin, ils lui dirent qu'ils étaient pauvres et ne pouvaient le garder, mais qu'ils allaient le conduire en un lieu sûr, où la gendarmerie ne pourrait le découvrir. Ils le conduisirent au village des Noës, à l'entrée de la grande forêt de la Madeleine, sur les limites des départements de la Loire et de l'Allier; et pour que tout fût singulier dans cette aventure et marqué au doigt de Dieu, on le présenta au maire de la commune, qui ne trouva rien de plus simple que d'accepter la charge de cacher un réfractaire. Il rassure donc de son mieux le fugitif, sans être bien rassuré lui-même, et le conduit chez une bonne mère de famille, veuve avec quatre enfants: « J'ai connu bien des saints, disait plus tard le saint curé; mais M. Balley et la mère Fayot sont les deux plus belles âmes que j'aie rencontrées. »

Par le conseil du maire, Jean-Marie, pour se mieux cacher, devint M. Jérôme. Il s'occupa, le reste de l'hiver, à faire l'école aux enfants. L'été venu, il se mit aux labeurs avec les habitants et travailla de si bon cœur à la fauchaison, qu'il y gagna une fluxion de poitrine qui le mit au lit pendant quinze jours.

Le village de Noës comprit quel trésor il possédait. Quelles qu'aient été ses peines, le curé d'Ars a toujours eu ce bonheur si grand d'exciter la sympathie et l'amour autour de lui. Il eut toujours le charme de la bonté. Aussi, quand les gendarmes arrivaient dans le pays, chacun s'empressait de lui trouver une cachette. Un jour, il faillit étouffer dans le foin qui remplissait un grenier au-dessus d'une écurie. Dévoré par la fièvre et presque asphyxié, il promit au bon Dieu que, s'il sortait sain et sauf de cette retraite, il ne se plaindrait jamais de rien. Et il se rendait plus tard en toute simplicité ce témoignage : « J'ai bien à peu près tenu parole. »

A cette époque Jean-Marie Vianney partageait le lit de Jean-Marie Fayot, qui, toutes les fois qu'il se réveillait, le trouvait murmurant des prières et put constater qu'il était couvert de scapulaires et de médailles. Il communiait plusieurs fois dans la semaine, bien qu'il ne se confessât que tous les quinze jours au curé, dont la sévérité était connue.

Le souvenir de Noës est toujours demeuré cher au curé d'Ars : il avait des rêves d'y aller finir ses jours. Sa reconnaissance pour ses bienfaiteurs était sans bornes, et il conservait toujours pour la mère Fayot une affection filiale. On peut bien penser que cette tendresse était réciproque, comme le prouve l'anecdote authentique de la mère Fayot traversant une vénérable assemblée de prêtres, réunis autour du curé d'Ars, pour sauter au cou de son cher enfant d'autrefois et l'embrasser à plusieurs reprises. M. Vianney racontait volontiers cette anecdote, et il riait et rougissait en la racontant.

Telle est l'histoire de ce que M. Vianney appelait sa désertion. C'est par humilité, sans doute, qu'il disait en parlant de sa croix d'honneur : « Je ne sais pas pourquoi l'empereur me l'a donnée, à moins que ce soit parce que j'ai été déserteur. » On peut déserter sans scrupules quand on a pour complice un ange, et pour provocateur la Providence.

## III

Son retour chez le curé d'Écully. — Les séminaires. — Sa promotion aux ordres. — M. Vianney vicaire d'Écully. — Mort de M. Balley.

Tandis que le jeune Vianney vivait caché aux Noës, ses parents, à Dardilly, ignoraient sa retraite. Sa mère pleurait et allait souvent demander des consolations au saint curé d'Écully. Un jour, il sembla sortir de sa douceur habituelle et lui dit d'un ton d'impatience : « Allez, votre fils sera prêtre. »

Cependant l'autorité militaire accablait d'avanies Matthieu Vianney, et le capitaine de recrutement Blanchard, le même qui avait déjà tant rudoyé Jean-Marie, disait à son père : « Je vous ferai manger jusqu'à votre dernier sou. » Celui-ci avait beau dire qu'il ne savait où était son fils, on ne le croyait pas.

Cependant la veuve Fayot, ayant eu besoin de prendre les eaux de Charbonnières, partit avec cent francs que lui prêta son pieux réfractaire et qu'il ne voulut jamais reprendre. Elle vint donner aux Vianney des nouvelles de leur fils. La pauvre mère était dans la joie. Le père aimait sincèrement tous ses enfants, mais le fond de son caractère était la fermeté; aussi pensa-t-il que Jean-Marie, puisqu'il se portait bien, devait rejoindre son régiment pour empêcher la ruine de la maison.

Quelques mois se passèrent, et, la conscription de 1810 arrivant, un de ses frères voulut bien consentir à le remplacer à condition qu'on lui fît un avantage de trois mille francs sur la part héréditaire de Jean-Marie. Il entra en garnison à Phalsbourg, le 20 août 1810. A partir du 18 janvier 1813, on n'eut plus de ses nouvelles.

Alors, au grand regret de ses nouveaux concitoyens, M. Jérôme put quitter les Noës, y laissant un éternel regret et en emportant un ineffaçable souvenir. Il retrouva donc enfin ses parents, pleura de joie avec sa tendre mère, lui qui disait plus tard qu'il ne concevait pas comment un enfant pouvait regarder sa mère sans pleurer. Il se jeta aux pieds de son père, lui demanda humblement pardon de lui avoir causé tant de peine; puis il retourna auprès de son cher maître et retrouva les exemples de vertu sacerdotale qu'il devait encore surpasser dans sa vie miraculeuse.

M. Balley, qui appréciait les avantages et même les épreuves de la vie commune, crut devoir envoyer son élève au petit séminaire de Verrières pour y faire sa philosophie. Là il eut d'abord à souffrir les dédains de ses camarades, qui, au lieu de s'apercevoir tout d'abord de ses vertus, ne virent que les lacunes de son instruction littéraire et proclamèrent à l'envi qu'il n'était pas fort. Mais ses maîtres ne tardèrent pas à l'apprécier, et bientôt ils ne purent se lasser d'admirer sa modestie, sa régularité, son obéissance et sa piété. Bientôt ses camarades eux-mêmes furent touchés de tant de vertus. Il n'y en eut qu'un qui s'acharna contre lui, par jalousie sans doute, ne lui ménageant ni les injures ni les coups. Le jeune Vianney n'avait garde de s'en plaindre, heureux d'être associé aux souffrances de Jésus-Christ. Un jour que son bourreau l'avait poussé à bout, passant des injures aux menaces et des menaces aux coups, Vianney ne trouva rien de mieux à faire que de se jeter à genoux en lui demandant pardon de l'avoir assez offensé pour l'irriter à ce point. Cette fois, le coupable n'y tient plus; il tombe à genoux à son tour, confesse tous ses torts, et d'ennemi lui devient ami pour jamais.

Pour la théologie, M. Balley voulut l'enseigner lui-même à son fils d'adoption, du moins être son initiateur dans cette science sacrée. Il le fit donc revenir à Écully. A peine eut-il entrevu cette étude sublime, qu'il en sentit la force et le charme. Là, tout parlait à sa foi et à son cœur en même temps qu'à son esprit : c'était la science au service de la piété.

Au bout d'un an ou deux seulement, M. Balley crut son élève assez bien préparé pour pouvoir le présenter aux examens du grand séminaire de Lyon. Mais sa timidité le fit échouer : ses réponses incohérentes ne donnèrent que la plus triste idée de son savoir. M. Balley ne se découragea pas. Il sut décider le supérieur à venir le lendemain recommencer l'épreuve avec un des grands vicaires au presbytère d'Écully. Là M. Vianney, retrouvant quelque assurance, donna des réponses satisfaisantes et put entrer au grand séminaire de Saint-Irénée.

Dire avec M. Monnin, son premier et son plus riche biographe, « qu'ayant vécu dans le monde comme un séminariste, il vécut dans le séminaire comme un ange du ciel, » c'est ne rien exagérer si l'on consulte le souvenir que ses condisciples ont conservé de ses vertus. Ce qu'on a souvent exagéré, c'est la médiocrité de son intelligence. D'après les témoignages les moins suspects, il n'était remarquable ni par des moyens extraordinaires ni par son incapacité. Il ne pouvait parler latin; on l'interrogeait donc en français sur le dogme et la morale, et il répondait toujours laconiquement, mais avec justesse et précision.

Cependant quand il s'agit de l'admettre à l'ordination, ses vertus d'une part, son peu d'instruction de l'autre, rendirent ses maîtres indécis. Fallait-il l'admettre, ou l'ajourner, ou le renvoyer simplement aux travaux des champs? On consulta M. Courbon, vicaire général, qui se contenta de demander : « Le jeune Vianney est-il pieux? Sait-il bien dire son chapelet? A-t-il de la dévotion à la sainte Vierge? — C'est un modèle de piété. — Eh bien, je le reçois, la grâce divine fera le reste. »

Il fut admis au sous-diaconat le 2 juillet 1814. Tandis qu'on chantait le cantique *Benedictus*, l'abbé Vianney prononça les paroles : *Et tu, puer, propheta Altissimi vocaberis, præibis enim ante faciem Domini parare vias ejus*[1], avec une expression si remarquable, dit un témoin de son ordination, plus tard directeur du petit séminaire de Meximieux, qu'après tant d'années écoulées il en avait encore toutes les notes dans l'oreille et qu'il ne put alors s'empêcher de lui en faire l'application.

Il reçut le sacerdoce le 9 août 1815, à l'âge de vingt-neuf ans. Cette ordination eut lieu à Grenoble. C'était pendant l'occupation de la France par les armées coalisées, et à son retour il lui fallut traverser un corps d'armée autrichien au péril de sa vie. Plus tard il comparait le tumulte des démons dans son presbytère au bruit de cette troupe indisciplinée.

M. Balley le demanda et l'obtint aisément pour vicaire. Sa joie fut égale à celle de son vieux maître et à celle de ses paroissiens, qui disaient : « Nous l'aimions bien autrefois, il nous édifiait par sa conduite ; que sera-ce maintenant qu'il est prêtre? »

Son nouveau curé fut son premier pénitent, mais il ne fut pas le seul : bientôt son confessionnal fut assiégé. La veille des grandes fêtes il trouvait à peine le temps de dire sa messe, son bréviaire, et de prendre son unique repas. Sa charité pour les pécheurs était sans bornes. Sa charité pour les pauvres n'était pas moindre : tout son avoir y passait. Un jour, il avait fini par se décider à l'achat d'une soutane devenue indispensable et

[1] « Et toi, enfant, tu seras appelé le Prophète du Très-Haut, car tu marcheras devant la face du Seigneur pour préparer ses voies. »

remis la somme nécessaire à la femme du tailleur. Mais une pauvre grande dame ruinée par la révolution et par elle-même lui ayant fait le triste aveu de sa détresse, il courut, au grand désespoir de la dépositaire, reprendre son argent, et la soutane attendit.

Sa piété et sa mortification ne faisaient que croître. M. Balley et lui disaient l'office en commun, ne découchaient jamais, faisaient tous les mois un jour de retraite, et chaque année les exercices spirituels. Ils vivaient ensemble, comme saint Benoît et saint Romain, non tant d'un même repas que d'un même jeûne. Les pénitences effrayantes qu'ils pratiquaient l'un et l'autre permettaient bien de dire du jeune vicaire ce que lui-même disait plus tard de M. Balley : « Personne ne m'a mieux fait voir jusqu'à quel point l'âme peut se dégager des sens et l'homme approcher de l'ange. »

Les paroissiens, épouvantés de tant d'austérités, envoyèrent à l'évêché une députation demandant qu'il fût enjoint à ces deux prêtres de mieux traiter leur corps. Il leur fut répondu : « Vous êtes bien heureux d'avoir un curé et un vicaire qui font pénitence pour vous. »

Cependant M. Balley, qui pouvait à peine soutenir son corps, grand et robuste naturellement, mais usé par les travaux, les jeûnes, les souffrances, fut atteint à la jambe d'un ulcère qui le retint au lit depuis le mois de février jusqu'au mois de juin 1817. Quand on sut que la gangrène venait de paraître, tous les prêtres voisins accoururent, et il reçut en leur présence, des mains de M. Vianney, les derniers sacrements. Le lendemain, après le saint sacrifice, il remit secrètement à son vicaire ses terribles instruments de pénitence : « Cachez cela, lui dit-il; on croirait que j'ai fait quelque chose pour expier mes péchés, et l'on me laisserait en purgatoire jusqu'à la fin du monde. » Puis il le bénit en disant : « Adieu, cher enfant, courage ! continuez à aimer Dieu; souvenez-vous de moi au saint autel. Adieu ! nous nous reverrons là-haut. »

« Il mourut, dit M. Vianney, comme un saint qu'il était. Sa belle âme s'envola parmi les anges, pour rendre plus joyeux le paradis. »

On sollicita vainement son vicaire d'accepter sa succession. Une paroisse d'environ deux mille âmes sembla trop considérable à son humilité. Deux mois après, le vicaire général le nommait curé d'Ars en lui disant : « Allez, mon ami; il n'y a pas beaucoup d'amour de Dieu dans cette paroisse, vous en mettrez. »

---

## IV

### M. Vianney à Ars. — Ses œuvres. — Mlle d'Ars.

C'était au commencement du carême. Il suffit qu'on l'eût vu célébrer la messe : chacun déclara que le nouveau pasteur était un saint. Il fit sa demeure de l'église, le presbytère fut presque abandonné. La vue du tabernacle fut son repos et sa nourriture. Le sommeil et les aliments ne l'approchaient guère dès lors, et bientôt il vécut comme une âme qui a oublié son corps.

Ars n'était point à cette époque une paroisse exemplaire. La danse et les cabarets semblaient être tout le souci de ce petit village. Pour combattre ces tristes habitudes, le pasteur eut recours à la prière et à la prédication. Il préparait alors ses prônes et ses sermons avec un travail inouï, les écrivant d'un bout à l'autre après avoir consulté ses auteurs : le P. Lejeune, la théologie de Gousset et quelques autres ouvrages d'un caractère pratique ; enfin les apprenant par cœur et s'exerçant à les réciter. Quand l'affluence des pèlerins lui eut enlevé la plus grande partie de son temps, la grâce vint suppléer à ses efforts et lui donner cette facilité merveilleuse qu'on admira dans ses dernières années.

D'autre part, il eut soin de se rendre familier avec ses nouveaux paroissiens; il les connut bientôt tous, et il s'en allait de chaumière en chaumière, les appelant par leur nom de baptême et leur disant tout ce que lui rappelaient ses lectures de la vie des saints et tout ce que l'Esprit-Saint lui inspirait. Il fut compris bien vite, et les conversions ne tardèrent pas à se multiplier.

Il eut pour auxiliaire, tout d'abord, une pieuse paroissienne qui prêchait d'exemple, faisant tous les matins à pied le chemin qui séparait son château de l'église, travaillant comme une humble ménagère, toujours au profit des pauvres, donnant sans compter en apparence, mais plutôt comptant pour donner, avare pour elle-même, prodigue pour les autres et n'ayant de ses travaux incessants d'autre repos que la prière. Nous avons nommé Mlle d'Ars. Elle connaissait et visitait les pauvres, leur portant elle-même, avec le vivre et le vêtement, les consolations et les conseils. Cette sainte fille avait un frère digne d'elle, qui, pendant les courts séjours qu'il faisait à Ars, fut la consolation du curé. Ensemble ils s'enfermaient de longues heures dans la sacristie pour parler de Dieu et de son œuvre. Humbles à l'envi, chacun d'eux exaltait l'autre à ses dépens et se déclarait indigne d'une telle amitié.

Le vicomte d'Ars apportait dans ce pays des Dombes ses habitudes de la capitale, où sa vie était au service des pauvres, qu'en véritable précurseur des conférences de Saint-Vincent-de-Paul il visitait dans leurs mansardes plus infectes et plus misérables que les chaumières de l'indigence dans nos plus pauvres campagnes. Lui aussi passait une partie de ses journées devant le Dieu de l'Eucharistie et lui consacrait régulièrement le matin et le soir.

Le curé d'Ars compta encore parmi ses premiers auxiliaires une bonne veuve qui venait faire son ménage, et une sainte fille de Lyon que les vertus déjà ébruitées de l'ancien vicaire d'Écully avait attirée à Ars. Mlle Pignaut se fit la trésorière des aumônes de M. Vianney : il lui demandait sans façon tout ce dont il avait besoin pour satisfaire sa charité et parer aux circonstances, et elle le lui donnait simplement. Voilà quelle fut au premier moment de son ministère, qui devait être si fécond, la garde d'honneur de Dieu dans son église.

Le saint sacrifice le matin, la prière et le chapelet le soir, ne tardèrent pas à réunir un certain nombre de paroissiens. Les brebis rentraient une à une au bercail. Des étrangers vinrent de bonne heure chercher la grâce dans ce hameau privilégié. Bientôt toutes les familles députèrent chaque jour une partie des leurs, et les premières œuvres de M. Vianney furent fondées : la communion fréquente, l'adoration perpétuelle et la prière en commun : voilà les trois gages de salut pour la famille paroissiale.

Cependant, pour rester dans les bornes du vrai, nous devons avouer que ce saint zèle du curé d'Ars, devenu contagieux moins encore par ses exhortations que par ses prières au saint Sacrement, quand il le tenait dans ses mains et lui disait au nom de ses paroissiens : « Seigneur, faites que je voie! » cette charité qui répandait tout naturellement autour de lui le feu dont son âme était pleine, cette foi qui fait comprendre et sentir que la communion est un aliment de tous les jours, fut et demeure encore à Ars, comme en tant d'autres lieux, hélas! le privilège du sexe faible, plus conscient peut-être par sa faiblesse même, du besoin que nous avons de Dieu. Le saint curé ne put habituer les hommes à plus de trois communions par an, et on l'a souvent entendu dire : « Si je pouvais les amener à la quatrième, ils deviendraient des saints. » Eloge bien caractéristique de la solidité chrétienne des hommes de cette race des Dombes.

Sans doute il faisait une exception marquée et non pas la seule, ce bon villageois que M. Vianney, dès les premiers temps de son ministère, voyait souvent immobile, absorbé devant l'autel, tandis que sa bèche ou son râteau l'attendaient à la porte : « Que dites-vous ainsi au bon Dieu, quand vous êtes à ses pieds ? lui demanda-t-il un jour. — Je ne lui dis rien, répondit le bonhomme avec une simplicité naïve et profonde, je l'avise, et il m'avise. »

Dès cette première époque, M. Vianney fonda les deux confréries du Rosaire et du Saint-Sacrement. Un dimanche soir, à l'issue des vêpres, voyant des jeunes personnes restées à l'église pour se confesser, il leur dit : « Mes enfants, si vous voulez bien, nous réciterons ensemble le chapelet pour demander à la Reine des Vierges qu'elle vous obtienne la grâce de bien faire ce que vous allez faire. » De ce moment la confrérie fut fondée. Il y en avait une au moins qui ne savait pas trop répondre à la prière. Mais toutes furent gagnées, et ce fut autant de perdu pour la danse. M. Vianney leur abandonna les dimanches au soir son jardin, où il n'allait jamais : on y lisait la vie des saints, on y chantait des cantiques et l'on s'y exhortait au service de Dieu.

Pour les hommes, la confrérie du Saint-Sacrement ne fut pas plus difficile à établir, et le vicomte d'Ars y contribua beaucoup par ses paroles et par ses exemples, lui qui disait avec tant de franchise : « Pour être agréable au saint homme, pour avoir part à ses suffrages, il n'y a rien que je ne fusse prêt à faire, fallût-il sacrifier pour cela la moitié de mes biens. »

---

## V

**Abolition des danses et des cabarets. — Restauration de l'église. — Premiers banquiers mystérieux du saint curé.**

Le saint curé voyait dans la danse le premier mal à supprimer. Il savait que cet exercice, indifférent en lui-même, emprunte des circonstances qui l'accompagnent presque toujours un véritable danger. Ce danger, dans les campagnes, consiste surtout dans l'extrême liberté des relations, en l'absence de toute surveillance intelligente et sérieuse.

Voilà qu'un jour arrive dans la paroisse un ménétrier. M. le curé va droit à lui : « Mon ami, vous faites là un métier que le bon Dieu n'aime pas. — Monsieur le curé, il faut bien vivre. — Oui, mon ami; mais il faut aussi mourir, et j'ai quelque crainte qu'à la mort vous ne vous trouviez pas bien d'avoir vécu de la sorte. Tenez, nous allons faire un marché : combien vous donne-t-on par jour? — Vingt francs. — En voici quarante, et laissez-nous la paix. »

Les fêtes patronales, à Ars, comme en beaucoup d'autres pays, étaient toujours une occasion de réjouissances profanes où prenaient part Trévoux, Villefranche et les autres lieux des environs. Le curé d'Ars tient à dire la vérité à son troupeau : « Dans le monde, mes frères, on ne pense qu'à se divertir. Cependant on ne peut pas offrir une danse en expiation des fautes de sa pauvre vie. Si vous ne voulez que vous amuser en ce monde, alors n'offensez pas le bon Dieu. Mais ce sont justement ceux qui ont le moins peur d'offenser le bon Dieu qui ont toujours les plaisirs en tête. Voyez, mes frères : les personnes qui entrent dans un bal laissent leur ange gardien à la porte, et c'est un démon qui le remplace ; en sorte qu'il y a bientôt dans la salle autant de démons que de danseurs... Notre-Seigneur, ajoute-t-il, ne dit pas : « Bienheureux ceux qui rient ! bienheu-« reux ceux qui dansent ! » Il dit, au contraire : « Bienheureux ceux qui pleurent ! bienheureux « ceux qui souffrent ! » Ainsi parle le curé d'Ars, et ses yeux, ses traits, toute son attitude désolée en dit plus que ses paroles. Car, si le saint curé parle, il pleure surtout, et dans les derniers temps de sa vie on n'entendait et on ne voyait que ses pleurs. Plus libre encore au tribunal de la pénitence, il pouvait dire à chacun ce qui lui convenait personnellement et appliquer le remède à la conscience, selon la maladie.

La fête vint. Le maire défendit la danse; le sous-préfet la permit. Les violons s'installent, la danse s'organise; mais la plupart des jeunes filles font défaut. A la nuit tombante, le maire, ceint de son écharpe, vient donner ordre aux attroupements de se disperser; on s'ennuyait déjà : il est obéi sans résistance. L'église alors se remplit, et à la parole touchante, aux larmes du pasteur, les larmes répondirent.

Beaucoup de danseurs du jour s'agrégèrent aux confréries. La fête perdit d'année en année ce qu'elle gardait de profane. Quelques tentatives malheureuses vinrent du dehors. Une seule eut à sa tête quelques pères de famille d'Ars. M. le curé, cette fois, se contenta de dire en chaire : « J'ai aperçu dimanche dernier quelques hommes de ma paroisse, à qui leur âge conseillerait une tenue plus grave et une conduite plus sage, qui portaient des rubans à leurs chapeaux; j'ai pensé qu'ils voulaient se vendre. » Ce trait d'une piquante bonhomie les couvrit de honte, et ce fut fini des danses.

Il y avait dans la paroisse un autre abus plus grave encore : le travail du dimanche. Le saint curé le combattit de toutes ses forces : « Vous travaillez! vous travaillez! mais ce que vous gagnez ruine votre âme et votre corps. Si l'on demandait à ceux qui travaillent le dimanche : « Que venez-vous de faire? » Ils pourraient répondre : « Je viens de vendre mon âme au « démon, de crucifier Notre-Seigneur et de renon- « cer à mon baptême... » Quand j'en vois qui charrient le dimanche, je pense qu'ils charrient leur âme en enfer... »

« Le dimanche, disait-il encore, c'est le bien du bon Dieu, c'est son jour à lui... De quel droit touchez-vous à ce qui ne vous appartient pas? Vous savez que le bien volé ne profite jamais... Je connais deux moyens bien sûrs de devenir pauvre : c'est de travailler le dimanche et de prendre le bien d'autrui. »

Les paroissiens d'Ars, convaincus et touchés par ce langage, comprirent qu'en se réservant le dimanche Dieu pensait encore à l'homme et qu'il n'ôtait ce jour aux travaux du corps que pour le donner à la vie de l'âme. Bientôt le travail du dimanche fut inconnu à Ars, et le saint jour n'a pas cessé d'y être scrupuleusement gardé jusqu'à présent.

Le saint curé pouvait avec plus de joie encore s'appliquer à embellir sa petite église, lui qui disait avec David : *Seigneur, j'ai aimé la beauté de votre maison*. Il avait trouvé son église bien pauvre en arrivant, et il s'appliqua tout d'abord à *augmenter le ménage du bon Dieu*. Peu lui importait le sien ; il laissa son pauvre petit presbytère s'en aller en ruines.

L'autel tombait de vétusté, il en fit faire un neuf à ses frais. Il aida lui-même à le placer. Les boiseries maintenant semblaient trop fanées pour ce bel autel : il se fit peintre pendant plusieurs mois pour les rafraîchir. L'église n'en fut que plus chère aux paroissiens. Les grandes fêtes se célébraient avec une sorte de magnificence. La Fête-Dieu fut la plus brillante, et dès la seconde année le saint curé, déjà maître de sa paroisse, put réunir un grand nombre d'enfants pour en faire une armée d'anges devant Notre-Seigneur. Souvent il les habilla lui-même de leur tunique blanche en disant : « Allons, mes enfants, vous serez bien sages. Vous penserez que vous êtes devant le bon Dieu et que vous tenez la place des anges. Vous lui direz du fond du cœur : « Mon « Dieu, je vous aime ! » Pour plaire à Notre-Seigneur, il faut que votre âme soit blanche comme les habits que vous allez prendre. »

M. d'Ars voulut poser le maître-autel, et il envoya de Paris six chandeliers, deux grands reliquaires, un beau tabernacle en cuivre doré. Plus tard vint un riche dais, puis des chasubles, des bannières, un ostensoir en vermeil, le tout digne d'une cathédrale.

Le bon curé ne se possédait plus en présence de ces saintes richesses ; il pleurait, il riait à la fois ; car il avait la sensibilité d'un enfant aussi bien que son innocence. Il voulut que ses paroissiens le suivissent à Fourvières pour remercier la Reine des cieux et lui faire hommage de ces beaux ornements. Toute la paroisse s'y rendit, et il eut dans ce pèlerinage un pressentiment de l'avenir. « J'ai été prophète une fois dans ma vie, disait-il plus tard ; j'ai prédit qu'il viendrait un jour où Ars ne pourrait contenir ses habitants. »

Après avoir remplacé le maître-autel, le vénérable curé d'Ars érigea tour à tour ses pieuses chapelles. La première fut celle de Saint-Jean-Baptiste, son patron et le grand convertisseur. Il la plaça vis-à-vis de l'autel de la sainte Vierge, refuge des pécheurs. On dit qu'en célébrant la messe il avait vu le saint Précurseur debout du côté de l'évangile, lui demandant cette chapelle où il voulait être honoré et promettant que des grâces innombrables de conversions y seraient accordées. Le saint curé y confessa plus que partout ailleurs, et son confessionnal s'y trouve encore. Mais il ne dit jamais la messe à l'autel qu'il y avait érigé et qu'on a remplacé par son maître-autel. On l'a entendu dire souvent : « Si l'on savait ce qui s'est passé dans cette chapelle, on n'oserait jamais y poser le pied. »

Ce premier autel fini, M. Vianney s'aperçut qu'il n'avait point d'argent pour payer les ouvriers. Dans le premier mouvement de son inquiétude, il prit son chapelet, comme il faisait souvent en pareil cas, et alla faire en priant une petite promenade dans la campagne pour calmer sa fièvre. A peine sorti du village, il rencontre un cavalier qui lui demande respectueusement de ses nouvelles. « Je ne vais pas mal, répond l'homme de Dieu, mais je suis bien ennuyé. — Vos paroissiens vous font-ils de la peine ? — Non, Monsieur; au contraire, ils ont plus d'égards pour moi que je n'en mérite. Mais je viens de faire bâtir une chapelle, et je n'ai pas de quoi la payer. » L'inconnu, après un moment de réflexion et comme M. Vianney allait passer son chemin, tira de sa poche vingt-cinq pièces d'or : « Monsieur le curé, dit-il, voilà pour payer vos ouvriers. Je me recommande à vos prières. » Puis il s'éloigna à toute bride. C'est là un des mille faits extraordinaires du même genre qui remplissent la vie de M. Vianney. Pauvre, il eut toujours à son service la richesse de Dieu, dans la mesure des besoins de son zèle et de sa charité.

C'est de cette chapelle que le saint curé, après avoir dépensé sa vie au service des pécheurs, sortit pour se jeter sur sa couche funèbre : lieu sacré, lieu mystérieux, qu'une grille fermée défend contre les indiscrétions même de la piété. Elle demeure avec son secret, terrible et consolant à la fois, comme tout ce qui est divin, et dont l'humilité du Bienheureux a tout fait pour atténuer la demi-révélation échappée à son âme émue.

Il éleva une seconde chapelle à sainte Philomène, dont les restes venaient d'être découverts dans les catacombes. Son tombeau contenait une fiole encore tachée à l'intérieur du sang qu'elle avait contenu. Cette découverte eut lieu en 1812, et les miracles se multiplièrent à Mugnano, dans le royaume de Naples, où l'on avait transporté son cercueil : sa renommée arriva bientôt en France. Mais on peut dire que le curé d'Ars fut le premier héraut de la vierge martyre. C'est à son autel que s'opérèrent tant de guérisons qui donnèrent naissance au pèlerinage, et dont le vénérable curé refusait sa part, les mettant tous au compte de sa *chère petite sainte.*

A la chapelle de sainte Philomène fit bientôt face celle de l'*Ecce homo*, destinée à toucher le cœur des pécheurs les plus endurcis par la contemplation du Christ réduit en ce terrible état que Pilate résuma par la parole célèbre : « Voilà l'homme ! »

La chapelle des Saints-Anges compléta le cycle des dévotions de M. Vianney. Aucune de ces chapelles ne se distingue par la beauté architecturale : l'art y fait absolument défaut. Des peintures naïves multipliées autour des autels y parlent un langage accessible aux plus ignorants. Le saint curé, en bâtissant ses autels, ne pensa qu'à honorer Dieu, à soulager les souffrants, à pourvoir aux besoins des âmes affligées par le malheur et surtout par le péché, le plus grand des malheurs et la source de tous les autres.

Cependant sa paroisse convertie n'ayant plus qu'à persévérer dans la grâce, il sembla enfin à M. Vianney qu'un champ plus vaste était nécessaire à son zèle. Ses supérieurs lui offrirent une paroisse importante, et il partit deux fois pour aller la visiter. Chaque fois les crues de la Saône l'arrêtèrent. Il ne fut pas difficile à ses paroissiens de lui persuader que la volonté divine l'appelait à rester parmi eux, ni à l'autorité religieuse de se rendre au vœu commun du pasteur et du troupeau.

Cependant les exceptions qui restaient encore

dans sa paroisse si chrétienne le désolaient; il attribuait à ses péchés tous les légers désordres qui pouvaient encore s'y produire, et il appelait à son aide tous les curés des environs pour l'aider à arracher l'ivraie de son champ si fertile.

Il le rendait largement à ses confrères et faisait même souvent l'intérim d'une cure vacante, sans jamais abandonner la sienne. Dans ces paroisses et dans la sienne surtout, il voyait des conversions éclatantes signaler les missions. Deux jubilés, une fois, s'étant trouvés un peu rapprochés, quelques-uns s'en plaignirent ; mais il leur dit en annonçant les exercices : « On dit qu'il y a eu un jubilé l'année dernière, et l'on demande pourquoi il y en a encore un cette année. Mais, mes amis, si un roi ou un seigneur vous avait donné trois mille francs et que quelques mois après il jugeât à propos de doubler la somme, le trouveriez-vous mauvais ? Refuseriez-vous les trois derniers mille francs à cause des trois premiers que vous auriez reçus ? »

Comme on le voit, le saint curé ne manquait pas de comparaisons très heureuses pour faire accepter sa pensée. Il avait même quelquefois des ruses de guerre tout à fait piquantes. Un jour, il fut prié par le curé de Misérieux, son ami, de venir prêcher dans sa paroisse. Celui-ci crut devoir l'avertir que, dès l'exorde du sermon, beaucoup de ses paroissiens commençaient par prendre la porte. « Soyez tranquille, dit M. Vianney, je les empêcherai bien. » Il monte donc en chaire et dit : « Mes frères, je ne veux faire de peine à personne, et comme les choses que j'ai à dire pourraient contrarier quelques-uns d'entre vous, ceux-là peuvent sortir; je vais parler sur le vol. » Pas n'est besoin d'ajouter que nul n'osa sortir et que le prédicateur put faire entendre toutes les vérités qu'il avait dessein d'exposer ce jour-là.

M. Ducreux, curé de Misérieux, prêtre de l'ancien régime, rempli de distinction personnelle et d'exquise politesse, mais non moins plein de savoir et de vertu, était octogénaire en 1820, et M. Vianney le traitait avec un affectueux respect; mais il refusa toujours de s'asseoir à sa table et prit une seule fois chez lui, à force d'instances, quelques gouttes de café sans sucre.

Dans la grande mission de cinq semaines qui eut lieu à Trévoux, en janvier 1823, il fit au moins tous les lundis matins et tous les dimanches soirs, à pied, la route d'Ars à Trévoux, longue de deux bonnes lieues, par un froid intense. Il lui est arrivé au moins une fois de prendre sur son dos la besace d'un mendiant, qu'il ne lui rendit qu'à l'entrée de la ville.

Un jour, dans ses courses apostoliques, il arriva dans une maison, tellement au bout de ses forces, qu'il lui fallut se coucher sur un lit pour entendre la confession d'un mourant.

Cette mission de Trévoux rendit son nom si célèbre, qu'au jubilé de 1826 toutes les paroisses le réclamèrent. Il fut appelé à Montmerle, à Saint-Trivier, à Savigneux, à Chaneins. Mais c'est à Saint-Bernard, près de Trévoux, qu'il lui fallut surtout se multiplier. Tout le monde voulut prendre part à la mission. Les domestiques offraient aux maîtres de rembourser sur leurs gages le temps qu'ils y auraient passé : « J'ai un bon ouvrier, disait le curé de Saint-Bernard, on n'a jamais vu le pareil ; il travaille beaucoup et ne mange rien. »

Un jour de grande fête, le curé de Lima, paroisse voisine de Villefranche, l'ayant invité à prêcher aux vêpres, le bon curé, qui ne savait rien refuser, arriva sans avoir eu le temps de préparer son sermon. A la vue d'une réunion si nombreuse et même si brillante, le courage commençait à lui manquer; mais ce ne fut qu'un instant. Il invoque le Dieu de force et de vérité, escalade la chaire et parle de l'amour de Dieu avec de tels accents, que l'auditoire fond en larmes.

---

## VI

### La providence d'Ars.

Comme l'amour de Dieu produit nécessairement l'amour du prochain, le bon curé souffrait vivement des misères humaines, surtout des misères morales, et il eût voulu subvenir à toutes. Il alla d'abord au plus pressé, il pensa aux plus faibles, aux orphelins, dont tous les dangers de l'âme et du corps menacent la faiblesse. Et, comme il y pensait toujours, il ne pouvait regarder sans convoitise une maison assez bien bâtie derrière le chœur de son église : « Si ce bâtiment était à moi, disait-il, j'en ferais une *Providence*. Je n'aurais que la place à traverser pour visiter ma petite famille, y faire mon catéchisme et y prendre mon repas. La *Providence* me donnerait mon pain, je lui donnerais la parole de vérité qui est le pain des âmes. J'aimerais bien ça. »

Tout rempli de ce projet, il fait faire une neuvaine de consultation à la sainte Vierge, amie des pauvres, et, la neuvaine finie, il n'hésite pas à vendre son patrimoine vingt-deux mille francs et à acheter la maison pour vingt mille francs. Il avait sous la main deux auxiliaires pleines de foi et de bon sens : Benoîte Lardet et Catherine Lassagne ; il les mit donc à la tête de la maison : « L'une, dit-il, sera la tête, et l'autre le cœur. »

Ces bonnes filles, comme le raconte Catherine, ne trouvèrent dans la maison qu'un pot de beurre et quelques fromages. Elles apportèrent leur lit, leur linge et autres objets de première nécessité. Le pain manquait absolument : « Après avoir nettoyé la maison, continue Catherine, elles devaient s'en retourner chez elles pour leurs repas. » Elles se dirent : « Restons ; peut-être que la Providence nous enverra à dîner. » Cela ne manqua pas. La mère de l'une d'elles pensa à sa fille et lui envoya son dîner, qu'elle partagea avec sa compagne ; un peu plus tard, l'autre reçut le sien. Elles eurent tout ce qu'il fallait, et le lendemain on put faire du pain.

Quelques jours après, une veuve de Chaleins et une bonne fille de Jassans, Jeanne-Marie Chaney, vinrent compléter le personnel directeur. Aussitôt on ouvrit une école pour les petites filles de la paroisse. Bientôt quelques enfants des paroisses voisines furent admises. Elles se nourrissaient, on les logeait seulement. Le local ne tarda pas à devenir trop petit, il fallut augmenter le bâtiment. M. Vianney lui-même se fit architecte, maçon, tailleur de pierres, et c'était encore lui qui délayait le mortier.

A ce moment les ressources affluèrent, elles vinrent de toutes parts, et soixante jeunes filles furent logées, nourries, entretenues aux frais de la *Providence*, qui les arrachait ainsi à tous les dangers. On reçut aussi des jeunes filles de dix-huit à vingt ans, que leurs antécédents eussent rendues dangereuses aux autres si dans cette maison, où le régime de la famille remplaçait les règlements des asiles ordinaires, l'esprit du curé d'Ars n'eût pénétré toute cette masse formée d'éléments divers, ou plutôt si la Providence à laquelle il s'était remis de tous les soins n'eût veillé maternellement sur l'œuvre naissante : « On a remarqué, dit Catherine, que les plus heureux fruits de conversion et de persévérance ont été recueillis par ces pauvres filles, qui n'étaient plus des enfants. Elles n'avaient pas plus tôt entendu les catéchismes de M. le curé, qu'elles se croyaient transportées dans un autre monde. Presque toutes, sans qu'on leur dît rien, demandaient à faire une confession générale. Elles pleuraient leurs péchés avec des larmes sincères, et devenaient de ferventes chrétiennes. »

Catherine parle des catéchismes de M. Vianney : c'est la *Providence* qui en fut le commencement. C'est pour instruire ses chères filles que M. Vianney les institua. Mais bientôt le charme de ces simples instructions attira des étrangers, qui furent admis dans la salle unique de l'orphelinat, où le bon curé, assis sur le bord d'une table, émiettait à cette petite famille le pain de la parole.

La plupart d'entre les orphelines étaient des enfants. On les admettait à six ou sept ans. On tenait à les garder jusqu'à la première communion. Elles étaient placées ensuite chez des maîtres, mais les plus jeunes n'y restaient que l'été et venaient passer l'hiver à la Providence. La sortie définitive était à dix-huit ans. Mais M. Vianney ne les perdait jamais de vue ; elles revenaient avec bonheur le revoir et demander sa bénédiction sur toute leur vie. Souvent il les dotait de ses deniers (car il ne fut jamais plus riche que lorsqu'il eut donné son patrimoine), soit qu'elles choisissent le mariage, soit qu'elles voulussent embrasser la vie religieuse. Il se faisait, d'ailleurs, un devoir d'éclairer leur vocation.

L'instruction qu'elles recevaient était fort simple, mais solide et suffisante pour la carrière où elles étaient destinées ; elles savaient, en sortant, lire, écrire, coudre et tricoter.

Le caractère de la nouvelle fondation, c'était l'abandon complet à la Providence. La confiance remplaçait tout calcul. Un jour qu'on demandait aux saintes filles le nombre de leurs élèves, elles répondirent *qu'elles n'en savaient rien*. « Comment, vous n'en savez rien? — Dieu le sait, et cela nous suffit. — Mais si l'une de vos pensionnaires venait à s'échapper? — Oh! nous les connaissons trop et nous en sommes trop occupées pour ne pas nous en apercevoir. »

Cette confiance en la Providence ne fut pas vaine. Pendant vingt-cinq ans la Providence a pourvu à tout. C'était une dépense annuelle de six à sept mille francs, et la maison n'eut jamais aucune ressource fixe. Mais, quand l'argent manquait, le bon curé n'avait qu'à demander, et un peu plus tôt, un peu plus tard, Dieu donnait toujours.

Un jour les provisions étaient épuisées. La supérieure, Benoîte Lardet, ne savait de quel côté se tourner. « Jeanne Filliat, raconte Catherine, dit à sa compagne Jeanne-Marie Chaney, qui était chargée de faire le pain : « Si l'on cuisait « le peu qui reste de farine, en attendant? » Celle-ci répondit : « J'y ai pensé, mais il faut aupara« vant avoir l'avis de M. le curé. » Jeanne-Marie va donc confier ses embarras au saint prêtre : « Monsieur le curé, lui dit-elle, le meunier ne « nous a pas rendu notre farine, et avec ce qui « reste nous pourrions tout au plus faire deux

« pains. — Mettez votre levain dans le peu que « vous avez de farine, répondit M. Vianney, fermez « votre pétrin et demain faites comme si de rien « n'était. » Cette recommandation fut prise à la lettre et suivie de même.

« Je ne sais comment cela se fit, dit Jeanne-Marie Chaney ; toujours est-il que le lendemain, à mesure que je pétrissais, la pâte montait, montait sous mes doigts, *je n'abondais pas à y mettre de l'eau;* plus j'en mettais, plus elle se gonflait et s'épaississait, tant et si bien que le pétrin se trouva en un moment comble jusqu'aux bords. On fit comme à l'ordinaire une fournée de dix gros pains de vingt à vingt-deux livres chacun, avec une poignée de farine; ce fut comme si, à la place de cette poignée de farine, on en avait eu un sac. »

D'après le procès apostolique, on voit que ce genre de miracle s'est produit au moins deux fois. Plus d'une fois aussi probablement, le tonneau vide se trouva miraculeusement rempli.

Un jour encore, le bon curé lui-même se sentait découragé ; le pain manquait, l'argent aussi : « Il nous faudra donc, disait-il, renvoyer nos pauvres enfants, puisque nous ne savons plus où prendre pour les nourrir. » Cependant un secret espoir le porte à visiter son grenier. Le frère Athanase, qui a vécu dix ans auprès de lui, croit que M. Vianney y avait caché la veille dans une petite poignée de grains des reliques de saint François Régis. Dès le matin, le vénérable curé y monte et le voit rempli de blé. Quelle ne fut pas sa joie et celle des saintes filles ! Tout le monde voulut voir ce blé miraculeux. Le maire d'Ars y vint, accompagné de nombreux habitants. Le meunier, appelé à son tour, dit en remplissant ses sacs qu'il n'avait jamais manié d'aussi beau froment. Un charpentier ne comprenait pas comment le plancher avait pu résister à un tel poids. Les poutres et une partie des planches étaient vermoulues ; on les a changées depuis. Leur résistance alors dut être un nouveau miracle. Le bon curé fit souvent, dans la suite, allusion à ce prodige du grain multiplié, l'attribuant, d'ailleurs, à la protection de saint François Régis, qu'il avait établi administrateur de la *Providence*. Il est possible aussi qu'on ait confondu ensemble deux miracles semblables, en prêtant à l'un les circonstances de l'autre.

Souvent son humilité chercha à faire oublier ce prodige. Un jour, Mgr Devie, à qui le bon curé n'avait point conté le fait, demanda à voir toute la maison. Arrivé au grenier, il mit la main à une certaine hauteur et dit : « Les grains venaient jusque-là ? — Non, Monseigneur, jusque-là, » répond M. Vianney en mettant la main beaucoup plus haut.

Un jour qu'il distribuait lui-même un plat de courges à ses orphelines, il faisait les parts si fortes, que Catherine lui dit : « Monsieur le curé, si vous continuez ainsi, vous n'en aurez pas pour toutes : c'est impossible. » « Il ne tint pas compte de mes avertissements, ajoute Catherine, fit le tour de la salle, servit copieusement tout le monde, et il resta quelque chose au fond du plat. »

Une autre fois, il n'avait pas de quoi payer son blé. Ayant déjà obtenu remise à la première échéance, il n'était pas plus riche à la seconde ; il a recours à son expédient ordinaire, il sort dans la campagne avec son chapelet. Tout à coup une femme se présente à lui : « Êtes-vous, dit-elle, le curé d'Ars ? — Oui, ma bonne. — Voici de l'argent qu'on m'a chargé de vous remettre. — Sont-ce des messes ? — Non, monsieur le curé, on se recommande seulement à vos prières. » Alors la femme vide sa bourse dans les mains de M. Vianney et rebrousse chemin, sans dire qui elle était ni qui l'avait envoyée.

Les faits de ce genre sont comme ordinaires dans la vie de M. Vianney.

« Un jour je l'ai vu, dit un témoin au procès apostolique, aller chez un de ses paroissiens nommé Mandy, à qui il devait douze cents francs, pour lui dire qu'il était dans l'impossibilité de le payer pour le moment et le prier d'attendre un peu. Dix minutes après il revint apporter la somme, une personne la lui avait remise près de l'église. »

« Une autre fois, j'étais à Lyon, on me remit cinq cents francs pour les donner au curé d'Ars. En arrivant, je les lui portais à la fin de son repas. Il vint au-devant de moi et me dit tout à coup : « Je suis bien embarrassé ; j'ai une « fondation de mission à faire parvenir à l'évêché, « et il me manque cinq cents francs. — Les voilà,

« lui répondis-je, on me les a donnés pour vous. »

Le bon curé pouvait bien dire après cela : « Nous sommes bien un peu les enfants gâtés du bon Dieu. Quand je pense au soin qu'il a pris de moi, quand je récapitule ses miséricordes, la reconnaissance et la joie de mon cœur débordent de tous côtés. Je ne découvre qu'un abîme d'amour dans lequel je voudrais me noyer. Je l'ai reconnu particulièrement deux fois. Lorsque j'étudiais, j'étais accablé de chagrin ; je ne savais plus que faire ; je vois encore l'endroit : il me fut dit comme si c'était quelqu'un qui m'eût parlé à l'oreille : *Va, sois tranquille, tu seras prêtre un jour.* Une autre fois, que j'avais beaucoup d'inquiétudes et d'ennuis, j'entendis la même voix qui me disait distinctement : *Que t'a-t-il manqué jusqu'à présent ?* En effet, rien ne m'a manqué. Il fait bon s'abandonner uniquement, sans réserve et pour toujours, à la conduite de la divine Providence. Nos réserves tarissent le courant de ses miséricordes, et nos défiances arrêtent ses bienfaits. Quand il est seul chargé de nos intérêts, il y va de sa justice et de sa bonté de nous aider et de nous secourir. »

Mais les hommes, ainsi que le dit alors le saint curé, « ne connurent point la volonté de Dieu. » A la suite d'intrigues inexplicables et d'oppositions incompréhensibles à son œuvre, il dut, comme s'exprime un de ses biographes, le chanoine Olivier, *céder à l'orage* et transférer l'établissement aux sœurs de Saint-Joseph de Bourg, qui, animées sans doute des meilleurs sentiments, supprimèrent l'orphelinat et n'eurent qu'un pensionnat et une école pour les enfants du village.

Le contrat fut passé en novembre 1847, et ce fut un coup terrible pour le curé d'Ars. Sa santé même s'en ressentit, et trois jours après ce triste événement il eut une éruption qui lui couvrit tout le corps.

« J'avais là, disait-il un jour, soixante à soixante-dix enfants, ramassées dans les chemins des Dombes. Ces pauvres filles ignoraient les premières vérités de la religion. Il y en avait qui n'avaient pas fait leur première communion et ne savaient ni *Pater,* ni *Ave,* ni *Credo.* Il en était sorti tant de religieuses, beaucoup d'excellentes domestiques, de bonnes mères de famille. Je n'avais jamais rien pour entretenir tout cela que la Providence. Elle ne m'a jamais fait défaut. Que Notre-Seigneur nous donne la joie du sacrifice ! Jamais il ne prouve son amour autrement que par les souffrances. »

Il avait en ce moment une somme très considérable qu'il venait donner à la Providence, pour qu'elle en usât au fur et à mesure de ses besoins. On s'empressa de placer cette somme pour assurer des ressources à la maison, et le bon curé ne put s'empêcher de dire : *Ils ont coupé la ficelle.* Ce qu'il appelait humblement *la ficelle,* c'était le fil télégraphique reliant la *Providence* de la terre à la Providence du ciel. De ce moment, les miracles cessèrent.

Alors le saint curé porta ses ressources ailleurs, et il put assurer à plus de cent paroisses du diocèse le bénéfice d'une mission tous les dix ans.

L'œuvre du curé d'Ars a été rétablie après sa mort, dans la mesure du possible, par la vénérable sœur Saint-Claude, supérieure générale des sœurs de Saint-Joseph, et l'orphelinat fut rouvert le 1er octobre 1863. On lui assura des ressources modestes : il le fallait, puisque la *ficelle*, étant coupée, ne pouvait se rattacher.

---

## VII

### La journée du curé d'Ars.

La journée du curé d'Ars s'est toujours allongée à mesure que le besoin des âmes le demandait. Mais le moment arriva vite où il n'y eut plus moyen d'y rien ajouter. Nous la prenons donc à cette limite extrême.

Elle commençait alors à minuit. Il sortait de sa chambre nu-tête, vêtu de son unique soutane râpée, chaussé de ses gros souliers rougis, qui ne connurent point le cirage. Alors, au sortir de son petit presbytère, il trouvait le court intervalle qui le séparait de l'église rempli d'une foule pressée qui le renversa plus d'une fois, non sans blessure. Les dernières années, il ne pouvait le traverser qu'à l'aide du frère Jérôme, son fidèle sacristain, son ombre, qui écartait cette foule avec autant de douceur que d'énergie, et de quelques autres amis, comme le comte des Garets, digne héritier du vicomte d'Ars, et le bon instituteur Pertinant. Souvent il regardait autour de lui et découvrait des yeux de l'âme quelque pécheur plus accablé que les autres du poids de ses offenses, ou quelque âme pieuse en proie à une pressante inquiétude ; il lui faisait signe, ou lui posait la main sur le bras et l'emmenait à son confessionnal. Là les péchés s'effaçaient, les doutes se calmaient, tous sortaient la joie au cœur.

A sept heures seulement, il en sortait pour dire la prière et célébrer la messe. On le voyait à l'élévation s'arrêter pour contempler la sainte hostie, comme s'il eût vu son Sauveur des yeux du corps. Il retardait le moment de consommer les saintes espèces : il craignait sans doute de détruire sa vision. Son humilité lui fermait la bouche sur les merveilles qu'il aurait pu raconter.

Après la messe, les confessions recommençaient jusqu'à dix heures. Les rangs des pénitents étaient tellement serrés, qu'il fallait régulièrement attendre jusqu'au troisième jour pour pouvoir passer. A dix heures, le vénérable curé sortait du confessionnal pour dire son office. A onze heures, il faisait ce célèbre et humble catéchisme qui avait commencé à la Providence.

On nous raconte à ce propos un fait merveilleux qui n'a point été présenté à la congrégation des Rites, parce que l'unique témoin oculaire qui aurait pu le certifier, s'il a réellement eut lieu, est mort depuis longtemps, et tous les témoins auriculaires, sauf un seul, aujourd'hui curé du Point-du-Jour, près de Lyon, seraient également disparus. Nous le citons néanmoins, sous toutes réserves, fût-ce au même titre que ces légendes qui accompagnent quelquefois l'histoire des saints. S'il ne doit pas entrer dans le tableau que nous voulons tracer, c'est du moins une vignette qui l'accompagne harmonieusement et se fond avec lui.

M. des Garets, se trouvant à l'église au moment où M. le curé faisait son catéchisme, sortit pendant cet exercice et, passant devant la porte ouverte de la petite cour du presbytère, vit M. Vianney qui disait son bréviaire. « Comment, monsieur le curé, je viens de vous voir faire le catéchisme, et vous voilà ici ! — N'en soyez pas surpris, dit le saint prêtre ; quand je n'ai pas fini mon bréviaire, je prie mon patron saint Jean-Baptiste de vouloir bien me remplacer au catéchisme, et je vous assure qu'il s'en acquitte beaucoup mieux que moi. » A midi, M. Vianney traversait de nouveau péniblement la foule pour aller prendre son unique repas, composé d'un peu de pain moisi acheté chèrement aux pauvres, ou de quelques pommes de terre qu'il cuisait tous les huit jours. Quand il jeûnait, ce misérable ordinaire était encore bien réduit. Il lui est arrivé de faire, de son propre aveu, trois repas dans une semaine.

Après ce repas, il allait voir des malades s'il

y en avait, et, quand il eut des missionnaires, il leur fit sa visite quotidienne, courte, mais cordiale. A une ou deux heures, il était de retour à son confessionnal, où il parvenait toujours au prix des mêmes efforts et des mêmes fatigues, étouffant en toute saison, les pieds gelés l'hiver. Quelquefois on parvint à glisser sous le plancher du confessionnal une bouteille d'eau chaude, et alors on lui demandait : « Avez-vous eu froid, monsieur le curé? — Non, répondait-il, grâce à la bonté de Dieu. » On voulut aussi le soulager en clouant à l'intérieur des cloisons un petit coussin qui soutenait son pauvre corps écorché jusqu'au vif. Mais le piège était trop visible, et il l'arracha sans pitié. Nous n'avons pas parlé des fatigues de la chaire, qui achevaient d'épuiser ses forces. Dans les derniers temps, on ne l'entendait plus ; on le voyait seulement pleurer, et ses larmes convertissaient les cœurs. Tant qu'il eut un souffle de vie, il le donna tout entier à son auditoire, si bien qu'il ne lui en restait plus pour la prière. « Pourquoi, lui disait-on, monsieur le curé, parlez-vous si haut en prêchant et si bas en priant ? — Ah ! mes amis, répondait-il, c'est que le bon Dieu entend bien et que les hommes sont sourds. »

Quand tant de fatigues l'eurent mis à bout, il se laissa persuader d'ajouter à son unique repas un peu de lait ou de chocolat, qu'il prenait après sa messe ou le soir en quittant l'église. C'est à neuf heures seulement qu'il se retirait dans sa chambre. Mais de ces trois heures qui lui restaient jusqu'à minuit, quel emploi en faisait-il encore? Il priait, il étudiait ses auteurs, et enfin il se couchait. Parfois il se livrait à des pénitences effrayantes. Non content de coucher sur une simple paillasse, il en diminuait sans cesse le contenu, brûlait peu à peu la paille qu'il en arrachait, puis il écartait encore le reste pour arriver à toucher le carreau; ou bien encore il mettait entre lui et cette paillasse une planche qu'on montre dans son humble presbytère, où les démons venaient encore parfois troubler le peu qu'il se réservait de repos. Parfois, au lieu de dormir, il accablait de coups son corps exténué, ressuscitant par la pénitence ce cadavre épuisé par les jeûnes et par les veilles. Les chaînes dont il se flagellait jetaient jusque sur les murailles leurs chaînons sanglants, et ces terribles instruments de pénitence avec leurs débris font partie du grand reliquaire que forme son presbytère tout entier. Elles reposent à côté de la pauvre petite écuelle où il prenait son lait et du pot grossier où il buvait son eau, pour apaiser un peu la fièvre dont le brûlait son zèle autant que ses pieuses souffrances. La souffrance, il l'aimait, il en avait fait sa compagne, et, quand elle devenait moins vive, il en souffrait; il craignait qu'elle ne vînt à lui manquer; il ne pouvait s'en passer. Il avait besoin d'expier pour les autres et de compatir avec le Dieu qui a pâti pour nous.

Mais ce Dieu qui ne le quittait jamais lui

montrait sa présence par les prodiges aussi bien que par les souffrances, et nul ne sait quels mystères sublimes se sont passés dans la chambre du curé d'Ars.

« Il y a ici un carreau, disait-il quelquefois; si l'on savait ce qui s'y est passé, on n'oserait pas y mettre le pied. »

Un jour Catherine, qui, après avoir quitté la Providence, s'était logée dans une petite maisonnette attenante au presbytère, se rend à la chambre du saint curé pour le servir. Elle entend comme le bruit de deux voix qui conversaient. Elle entr'ouvre la porte, et elle voit le vénérable curé à genoux, les yeux fixes, perdu dans l'extase. Devant lui était une femme à l'aspect tout céleste, et il lui disait : « Ma bonne mère, donnez-moi la conversion de tel pécheur, et je ferai pénitence pendant quinze jours. — Je te l'accorde. — Oh ! si vous vouliez me donner encore cet autre, je jeûnerais pendant un mois. — Je te l'accorde. » Catherine, frappée d'une sainte terreur, n'attendit pas la fin de la vision.

Voilà donc une légère esquisse de la journée du curé d'Ars, et il n'est pas malaisé de comprendre, en voyant d'une part tant de travaux, de l'autre une réparation si incomplète, ou plutôt si nulle, d'un corps épuisé, que de tous les miracles du curé d'Ars, le plus grand, c'était sa vie. Travailler dans cette mesure, qu'on pourrait dire immense, et cela sans nourriture et sans repos, non, ce n'est pas dans la nature humaine.

Il marchait, en effet, purement et simplement dans ce monde créé par la grâce, où l'homme ne vit pas de pain, mais du Verbe de Dieu, et où ce que saint Paul a dit de l'âme : *Le juste vit de la foi*, devient applicable à l'existence même du corps.

---

## VIII

**Miracles de guérison et de conversion. — Intuition surnaturelle.**

Celui qui a la vie de la foi a la puissance et la force de Dieu même. De là les conversions et les guérisons vraiment surnaturelles qu'on voit fréquemment dans l'histoire des saints.

Le sommaire officiel du procès de béatification du vénérable curé d'Ars, c'est-à-dire le rapport des témoignages rendus sous le sceau des serments les plus terribles, en rapporte des exemples nombreux. Beaucoup de ces faits, déjà connus, ont acquis partout une nouvelle valeur testimoniale qui les rend désormais indubitables, le choix que la sacrée Congrégation fait des plus éclatants n'étant ni la condamnation ni le rejet des autres.

C'est une jeune fille qui, ayant quitté son père malade pour venir à Ars et en ayant parlé au vénérable curé, obtient cette réponse : « Allez, votre père est guéri. » Ce qui fut vrai, ajoute le témoin.

Une autre, nommée Marthe Miard, demande : « Faut-il amener mon père ? — Non, il viendra de lui-même. » Quatre ou cinq ans après, il vient, mais ne veut pas parler au vénérable curé. Celui-ci dit alors : « Amenez-le se promener sur la place. » Elle l'amène ; M. Vianney le prend par la main, l'emmène au confessionnal et le convertit. Cet homme persévéra jusqu'à la mort, malgré les mauvais exemples et les mauvais conseils de ses camarades, et reçut trois fois le viatique dans sa dernière maladie.

Une pieuse dame voyant son mari, atteint d'une grave maladie de cœur, éloigné de toute pratique religieuse, priait Marie et déposait devant sa statue tous les bouquets que son mari cueillait pour elle-même. Il mourut sans sacrement. La douleur de l'épouse fut telle, que sa santé y succomba ; son moral en fut même atteint. Elle vint à Ars d'un pays fort éloigné. Mais, avant même qu'elle eût parlé, le vénérable curé lui dit : « Madame, vous ne vous rappelez donc plus les bouquets que vous offriez à Marie ? » Ces paroles qui l'émerveillèrent la calmèrent aussitôt et lui rendirent la santé avec la paix de l'esprit.

Une religieuse s'affligeait d'être sourde et de ne pouvoir rendre des services à sa communauté. Il lui dit qu'elle serait envoyée en Corse, où elle en rendrait. Ce qui eut lieu ; car elle ne tarda pas à entendre ce qu'on disait au mouvement des lèvres. Or elle n'avait rien dit à la supérieure de la prédiction. Le Bienheureux ajouta qu'elle ne devait pas s'étonner d'être sourde, puisqu'elle s'était offerte en sacrifice pour la conversion de son père. Elle lui exprima alors ses craintes de ne point l'obtenir. « Offrez à Dieu pendant trois mois, lui dit-il, toutes vos prières et toutes vos œuvres, et vous l'obtiendrez. » Trois mois après, jour pour jour, son père, frappé d'apoplexie, abjurait le protestantisme et mourait muni des sacrements.

Mme Daumas, de Marseille, malade de la moelle épinière, se rend à Ars, où le vénérable curé lui fait faire une neuvaine à sainte Philomène et lui prédit sa guérison. Elle communie le dernier jour et demeure dans le même état. Elle voulait rester encore; mais il lui dit qu'en restant elle retardait sa guérison. Sur son conseil, elle part pour Marseille par un train direct et descend seule de wagon en présence de son mari et de sa petite fille, qui étaient venus avec une voiture; elle alla le lendemain avec sa famille et ses amis à Notre-Dame-de-la-Garde. Son mari vint à Ars peu de temps après, se convertit et se confessa.

Une jeune fille des environs de Villefranche était dans une voiture qui versa. Elle n'avait pas de blessure apparente, et tous les médecins déclarèrent qu'il n'y avait rien à craindre. Mme Berthier, sa parente, vint à Ars demander une messe; mais elle s'en remit au vénérable curé sur l'intention. Il lui dit alors que dans huit jours elle serait morte. Désolée, Mme Berthier s'en retourne et fait revenir des médecins de Lyon. La jeune fille n'en mourut pas moins au terme des huit jours. Mme Berthier en fut tellement émue, qu'elle se convertit.

Un témoin oculaire rapporte qu'un jeune homme de Cébasas (Puy-de-Dôme), appelé Charles Blazy, privé de l'usage de ses jambes depuis plus de trois années, se fit porter à Ars en 1858, au commencement du mois d'août. Par le conseil du vénérable curé, il fit une neuvaine à sainte Philomène. Le soir de l'Assomption, il se rend, appuyé sur ses béquilles, à la sacristie, où se tenait M. Vianney, et lui dit : « Est-ce cette fois qu'il faut porter mes béquilles à sainte Philomène ? — Oui, mon ami, » lui dit-il. A l'instant le jeune homme sort et élève ses béquilles en l'air, traversant l'église à la vue d'une grande foule, et les dépose à la chapelle de sainte Philomène. Il n'a jamais eu depuis besoin de s'en servir.

Atteinte de la même infirmité, M^me^ Tiersot, de Bourges, vint aussi trouver le vénérable curé. Un soir il lui dit : « Quand laissons-nous ces béquilles ? — Tout de suite, monsieur le curé, si vous voulez. — Non, répond-il, demain matin. » Le lendemain, pendant la messe, elle ressent quelque chose d'extraordinaire, et après la messe elle va déposer ses béquilles dans la chapelle de sainte Philomène. Elle était guérie et marchait parfaitement. « Je l'ai vue, ajoute le témoin, deux dimanches de suite à la procession du saint Sacrement. »

Une dame était venue en diligence : elle ne pouvait marcher qu'à l'aide de béquilles. Le curé la vit arriver et lui dit : « Eh bien, marchez ! » M. Toccanier ajoute : « Marchez donc, puisqu'on vous le dit. » Elle se leva et marcha.

Nous citons presque au hasard et ne pouvons cependant nous défendre de remarquer en passant qu'au bout de la guérison il y a souvent une conversion. Témoin ce ménétrier qui vient implorer M. Vianney pour son enfant infirme. « Confessez-vous, » lui dit le saint pasteur. Il refuse d'abord, parce qu'il ne veut pas renoncer à son métier. Enfin il se laisse aller à la grâce, et en arrivant chez lui il voit accourir son enfant, qui s'écrie en sautant de joie : « Je suis guéri ! »

On voit que les pécheurs, en effet, craignent leur conversion, ou quelqu'un la craint pour eux. Aussi résulte-t-il des témoignages du procès que les pécheurs allaient à Ars comme malgré eux. Un d'eux avoue qu'en venant il désirait trouver le curé mort.

Un malade, en 1848, après une chute de cheval est dans un état tellement grave, qu'il faut le porter chaque jour, au prix de douleurs inouïes, à la neuvaine conseillée par le vénérable curé. La souffrance lui arrache chaque fois des cris déchirants. Il avait commencé sa confession ; mais son cœur était encore trop malade, il n'était pas converti. La première neuvaine demeure stérile. Il en commence une seconde avec de meilleures dispositions : son état s'améliore, il peut marcher du moins avec des béquilles. Une troisième neuvaine, au bout de laquelle il reçoit l'absolution et communie pieusement, lui rend la santé de l'âme et du corps.

Un homme malade de la vue part d'Ars presque

découragé. Sa nièce qui l'accompagnait revient et fait une neuvaine, et, bien qu'il n'arrivât aucune nouvelle, le bon curé lui dit tout à coup : « Ma petite, je crois que vous pouvez partir. La personne à laquelle vous vous intéressez ne souffre plus. » Elle part et, en arrivant, trouve les yeux de son oncle parfaitement guéris. Celui-ci reconnut toute sa vie qu'il devait cette faveur au curé d'Ars et que Dieu n'avait permis cette épreuve que pour le ramener à ses devoirs. « Je ne veux plus m'occuper désormais, ajoutait-il, que du salut de mon âme. »

S'il y a des grâces pour les pécheurs, les innocents et les justes ne sont point oubliés pour cela. Une des directrices de la Providence était à l'agonie. On avait fait la prière de l'âme sans qu'elle s'en aperçût ; elle ne voyait ni n'entendait plus. Tout à coup elle s'écrie : « Je suis guérie. » Elle se lève et ne sent plus aucun mal. Le médecin ne peut en croire ses yeux. Mais le saint curé avoue qu'il avait presque grondé sainte Philomène, qui, de guerre lasse, lui obtenait cette guérison.

Une autre fois, c'est un pauvre gendarme veuf qui lui apporte un enfant de dix ans dont la jambe était nouée. « Mon cher ami, lui dit aussitôt le serviteur de Dieu, votre fils guérira. » La phrase n'était pas achevée, qu'un craquement se faisait entendre dans la jambe infirme; elle se redresse, et l'enfant marche.

C'est un autre enfant de huit ans, qu'en février 1857 sa mère apporte à son cou, car il ne marche pas. Pendant une journée entière, elle s'attache obstinément à tous les pas du saint curé, lui montrant son enfant. Il l'avait souvent béni avec de bonnes paroles. En rentrant au gîte, le soir, l'enfant dit : « Mère, vous m'achèterez des sabots, parce que M. le curé m'a promis que je marcherais demain. » Quoi qu'il en fût de la promesse, les sabots furent achetés, et le lendemain l'enfant courait dans l'église en s'écriant : « Je suis guéri, je suis guéri ! » La pauvre mère cachait dans l'ombre d'une chapelle sa joie et ses larmes : « Nous la vîmes, dit M. Monnin, nous l'interrogeâmes, nous voulûmes la présenter au serviteur de Dieu au moment où il se préparait à dire la messe. Cette femme avait besoin de le voir, de lui parler, de se jeter à ses pieds. Sa reconnaissance l'étouffait. M. Vianney accueillit notre demande avec un silence froid et presque sévère, qui ne nous permit pas d'insister. Après la messe nous fîmes une tentative plus heureuse. « Monsieur le curé, cette femme vous prie de « l'aider à remercier sainte Philomène. » Il se retourna et bénit silencieusement la mère et l'enfant. Puis, de l'air le plus désappointé et sur un ton du mécontentement le plus sincère : « Sainte Philomène, dit-il, aurait bien dû guérir « ce petit chez lui. »

On le voit, le curé d'Ars ne ménageait pas les reproches à sa chère petite sainte, à laquelle il se plaignait encore qu'elle s'occupât bien trop des corps et pas assez des âmes. Sainte Philomène se montra, sans doute, sensible à ces reproches, et elle n'a pas toujours été étrangère aux conversions merveilleuses qui signalèrent si souvent l'apostolat du bon curé. Mais comme les conversions, miracle souvent plus grand que les guérisons les plus extraordinaires, semblent moins propres à attirer à ceux qui en sont l'instrument l'admiration des hommes, il ne les avait point fait entrer dans le pacte par lequel il obligeait sa chère petite sainte à prendre à son compte les guérisons que Dieu opérait dans sa chapelle.

Le curé d'Ars fut surtout un convertisseur. Il touchait par sa parole, par son regard, par ses larmes : il y avait dans sa personne une puissance de conversion qui agissait doucement et triomphait le plus souvent sans résistance.

Mais quand l'amour de Dieu qui le remplissait, qui enflammait ses paroles, qui mouillait ses yeux de larmes, ne gagnait pas tout à coup le pécheur, alors il l'attaquait avec énergie et l'emportait de vive force.

Un jour il s'apitoyait sur le sort d'un pénitent, demeuré sec et froid à ses pieds ; celui-ci finit par lui demander : « Mais pourquoi pleurez-vous donc tant, mon père? — Ah ! mon ami, je pleure de ce que vous ne pleurez pas. »

En mars 1855, un vieillard octogénaire, impie, blasphémant Dieu sans cesse et maudissant le saint curé, était venu comme malgré lui jusqu'à Ars. Mais il était impossible de l'amener à l'église. Le curé court à l'hôtel, monte dans la chambre du vieil impie et se jette à ses pieds en disant : « Sauvez votre pauvre âme ! Sauvez votre pauvre âme ! » Le vieillard se prit à pleurer et à réciter l'*Ave Maria*, qu'il continua de dire sans cesse pendant son séjour à Ars. M. Vianney venait le confesser chaque matin, et il ne partit qu'après une bonne communion.

Sylvain Dutheil, né à Clermont (Hérault), soldat à seize ans, avait contracté une maladie de poitrine et d'autres infirmités dangereuses. Un jour, à la vitrine d'un libraire, il vit un portrait du curé d'Ars, et il prit plaisir à s'en moquer. Les observations de sa sœur ne faisaient qu'exciter encore son inconvenante gaieté. La nuit suivante, il croit voir le curé d'Ars souriant, qui lui présente une pomme ; cette pomme commençait à se gâter, mais avait encore des parties saines. Ce songe l'impressionna vivement, et le lendemain il dit à sa mère : « Ce curé d'Ars n'est pas si terrible que je me l'étais figuré, je veux l'aller voir. » C'était là tout ce que la pauvre mère souhaitait ; elle se mit en route avec son fils, et ils descendirent à l'hôtel Pertinant, où le curé d'Ars visitait chaque jour le malade, dont l'état s'aggravait. Le samedi matin on l'amena au chœur, et après avoir reçu la sainte communion sur le marchepied de l'autel, il fut porté dans la sacristie auprès du poêle. Il s'écria alors : « Que je suis heureux ! je n'ai jamais éprouvé de ma vie un pareil contentement ! » Reconduit à l'hôtel, il se jeta dans les bras de sa mère et lui dit en pleurant : « La joie de cette communion m'a fait oublier mes souffrances. Je ne veux plus quitter ce saint homme. Je veux mourir ici. » La nuit suivante, il rendit son âme à Dieu.

Le lendemain était un dimanche, le 6 décembre 1855, et M. le curé fit allusion dans son catéchisme à la mort de ce jeune homme : « Pauvre enfant, dit-il, il est bien heureux maintenant ! C'était juste : il a dit beaucoup de mal de moi, je lui devais de prendre soin de lui. Oh ! qu'il est heureux ! »

## IX

### Épreuves de la part des hommes.

On ne sera pas étonné quand on apprendra que tous ces dons surnaturels, joints aux singularités de sa vie, lui attirèrent de nombreuses critiques, même de la part de ses confrères.

Un de ces derniers lui écrivait : « Monsieur le curé, quand on a aussi peu de théologie que vous, on ne devrait jamais entrer dans un confessionnal. » Charmé d'être apprécié à sa juste valeur, M. Vianney, qui n'écrivait presque jamais, n'en ayant pas le temps, s'empressa de prendre la plume pour remercier son critique : « Cher et vénéré confrère, lui disait-il, que j'ai de raisons de vous aimer ! Vous êtes le seul qui m'ayez bien connu. Puisque vous êtes si bon et si charitable que de vous intéresser à ma pauvre âme, aidez-moi à obtenir la grâce que je demande depuis si longtemps, de pouvoir me retirer dans un petit coin pour y pleurer ma pauvre vie. Que de pénitences à faire ! que de larmes à répandre ! »

L'auteur de cette lettre était un fort bon prêtre égaré par des préjugés. Cette réponse le toucha profondément, et il courut se jeter aux pieds de M. Vianney, qu'il regarda désormais comme son modèle.

Dans une conférence ecclésiastique, il fut résolu qu'on avertirait Mgr de Belley des dangers que présentaient l'imprudence, l'incapacité, l'ignorance et la présomption du curé d'Ars. Un des curés présents en avertit M. Vianney, qui, déjà menacé et accusé tant de fois, ne s'attendait plus qu'à être *chassé à coups de bâtons, interdit, mis en prison pour le reste de ses jours*. Un factum contre lui étant tombé par hasard entre ses mains, il y ajouta sa signature et son apostille, et le fit parvenir à ses supérieurs, en disant : « Cette fois, ces messieurs sont bien sûrs de réussir, puisqu'ils ont ma signature. »

Mais ils n'avaient point celle de leur évêque, qui leur répondit un jour, au sujet du reproche d'ignorance : « Je ne sais pas s'il est instruit, mais il est *éclairé*. »

Il leur disait encore dans une réunion fort nombreuse : « Je vous souhaite, Messieurs, un peu de cette folie dont vous vous moquez ; elle ne nuirait point à votre sagesse. Le curé d'Ars est un saint que nous devons admirer et prendre pour modèle. »

Les persécutions n'en continuèrent pas moins. Elles devinrent de plus en plus ouvertes. On laissait, comme il l'a dit plus tard, reposer l'Évangile dans les chaires pour ne s'occuper que du pauvre curé d'Ars. On l'épiait, on décriait ses mœurs, on couvrait d'infâmes placards les murs de son presbytère.

Quant au pauvre curé d'Ars, il ne demandait qu'à s'en aller *pleurer sa pauvre vie;* non qu'il fût las de souffrir, mais parce qu'il se jugeait indigne de son poste; toujours calme d'ailleurs, toujours doux, plus gai, plus heureux encore que d'habitude, continuant ses prières, ses pénitences, ses confessions et ses instructions, comme s'il ne se fût rien passé autour de lui.

Aussi, à un prêtre qui voulait se retirer devant les injustices et les calomnies qui l'obsédaient, il répondit avec l'autorité de l'exemple : « Mon ami, faites comme moi, laissez dire; quand il n'y aura plus rien à dire, on se taira. »

Plus tard il excusa toujours les auteurs de ces persécutions, et il se rappelait ce temps comme un des plus heureux de sa vie. Quand on lui demandait si jamais tant d'injures avaient troublé sa paix, il répondait vivement : « La croix, faire perdre la paix! C'est elle qui a donné la paix au monde, c'est elle qui doit la porter dans nos cœurs. Toutes nos misères viennent de ce que nous ne l'aimons pas. »

# X

## Épreuves de la part des démons.

Si la malice humaine, qui n'est qu'une imperfection, une faiblesse, en veut quelquefois à la sainteté, faut-il s'étonner que les démons, qui sont devenus par la perversion de leur volonté la malice personnifiée, obstinée, implacable, à jamais impénitente, la prennent en horreur et la persécutent avec toute la haine qu'allume en eux la flamme d'un inextinguible désespoir? Ils ne pouvaient manquer de haïr et d'attaquer le curé d'Ars.

Aussi dès la sixième année de son ministère dans cette paroisse privilégiée, au moment où il avait, par la fondation de la Providence, montré aux hommes et aux anges ce qu'on pouvait encore attendre de lui, les persécutions infernales commencèrent contre le serviteur de Dieu.

« La première fois que le démon est venu me tourmenter, racontait-il, c'était à neuf heures du soir, au moment où j'allais me mettre au lit. Trois grands coups retentirent à la porte de la cour, comme si on avait voulu l'enfoncer avec une énorme massue. J'ouvris aussitôt ma fenêtre, et je demandai : « Qui est là? » Mais je ne vis rien, et j'allai tranquillement me coucher en me recommandant à la sainte Vierge et à mon bon ange. Je n'étais pas plus tôt endormi, que trois coups plus violents me firent ressauter; ils étaient frappés, non plus à la porte extérieure, mais à celle de l'escalier qui conduit à ma chambre. Je me levai et m'écriai une seconde fois : « Qui est là? » Personne ne répondit.

« Lorsque ce bruit commença, je m'imaginais que c'étaient des voleurs qui en voulaient aux beaux ornements de M. le vicomte d'Ars, et je crus qu'il était bon de prendre des précautions. Je priai deux hommes courageux de coucher à la cure pour me prêter main forte en cas de besoin. Ils vinrent plusieurs nuits de suite; ils entendirent le bruit, mais ne découvrirent rien, et demeurèrent convaincus que ce vacarme avait une autre cause que la malveillance des hommes. J'en acquis bientôt moi-même la certitude; car pendant une nuit d'hiver, qu'il était tombé beaucoup de neige, trois énormes coups se firent entendre vers le milieu de la nuit. Je sautai précipitamment à bas de mon lit, je pris la rampe et descendis jusque dans la cour, pensant cette fois trouver les malfaiteurs en fuite et me proposant d'appeler au secours. Mais à mon grand étonnement je ne vis rien, je n'entendis rien, et, qui plus est, je ne découvris sur la neige aucune trace de pas... Je ne doutai plus alors que ce ne fût le démon qui voulût m'effrayer Je m'abandonnai à la volonté de Dieu, le priant d'être mon défenseur et mon gardien, et de s'approcher de moi avec ses anges quand mon ennemi viendrait de nouveau me tourmenter. »

Ces bruits, renouvelés sans cesse, impressionnèrent si vivement le curé d'Ars, que sa santé dépérissait. Plusieurs pompiers s'offrirent à veiller au presbytère. Quelques-uns s'établirent dans le clocher, d'autres dans la chambre voisine de la sienne. Plusieurs furent épouvantés plus d'une fois. André Verchère, un charron du pays, s'était installé un soir dans une chambre du presbytère. A minuit, il entend tout près de lui, dans la chambre même, un bruit terrible : les meubles, sous une grêle de coups, semblaient voler en éclats. Il n'en était rien. Verchère appelle au secours, et ce fut M. Vianney qui vint le secourir. On cherche partout, mais rien n'apparaît.

Le curé enfin, certain que ces bruits ne venaient ni des hommes ni de la nature, en prit ésolument son parti ; cela dura trente-cinq ans. Cette horrible obsession prenait toutes les formes : coups frappés contre la porte du presbytère, horrible tintamarre dans l'escalier, bruits de coups de marteau enfonçant des clous dans le plancher, de bois qu'on fend, de planches qu'on rabote. Il semblait scier le lambris, tarauder le plafond, battre le tambour sur la table, sur la cheminée, sur le pot à eau. Parfois il secouait les rideaux du lit à les mettre en lambeaux, et ils demeuraient intacts ; il frappait, il entrait la porte fermée, dérangeait chaises et meubles, furetait partout, appelait : « Vianney ! Vianney ! *Mangeur de truffes!* Nous t'aurons bien ! nous te tenons ! » Il le hélait, comme dit le P. Monnin, du milieu de la cour, vociférait, imitait le bruit d'une charge de cavalerie ou d'une armée en marche. Cela lui rappelait ce corps des armées coalisées qu'il avait traversé dans sa jeunesse. Il comparait, en effet, ces démons à une bande d'Autrichiens, vu qu'ils parlaient une langue inconnue et dans la plus affreuse confusion. Le désordre est bien le caractère de ce royaume des ténèbres *où il n'y a nul ordre, mais une éternelle horreur*. Il enviait au pieux apôtre ce repos si bien gagné, ce sommeil réparateur qui, au défaut d'une nourriture suffisante, pouvait au moins relever ses forces. Il eût voulu l'affaiblir et l'anéantir par l'insomnie et par la peur. C'est pour cela que tout lui était bon, et qu'il ne dédaignait pas d'imiter tantôt le bruit des bottes pesantes des gendarmes dans l'escalier, tantôt celui d'un cheval échappé bondissant jusqu'au plafond et retombant des quatre fers sur le carreau. C'était encore le bruit plus léger, mais agaçant, d'un grand troupeau de moutons paissant au-dessus de sa tête. Un jour, ayant offert le sacrifice de son sommeil pour la conversion des pécheurs, M. Vianney fut immédiatement délivré.

Comme ces tracasseries du démon se renouvelaient sans cesse, le bon curé ne laissait pas d'en parler quelquefois à ses confrères. Mais ceux-ci, facilement incrédules aux choses extra naturelles, cherchaient des causes physiques à ce qui leur semblait des hallucinations, et accusaient de ces fantômes ses jeûnes de nourriture et de sommeil.

En 1826, il prêchait un jubilé à Saint-Triviersur-Moignans; il y resta trois semaines, prêcha et confessa surtout. Un soir ses confrères lui firent la guerre sur ses prétendues visions et conclurent : « Nourrissez-vous comme nous, c'est le moyen d'en finir. » Il ne répondit rien. Le soir arrive, chacun gagne sa chambre. A minuit, un bruit horrible les réveille : tout semblait se briser, murs, portes et vitres. On se lève, on se précipite à la porte du curé d'Ars, qui dormait tranquillement et leur conseille à tous de regagner leur lit.

Une heure après un léger coup de sonnette se fait entendre à la porte. C'était un pécheur qui voulait se convertir. Et de là tout ce tapage.

Quelquefois le démon se cachait sous son lit, poussait toute la nuit des cris stridents, des plaintes étouffées; on l'entendait geindre, râler, gémir : « Le démon est bien fin, disait-il un jour dans son catéchisme, mais il n'est pas fort. Un signe de croix le met en fuite. Tenez, il n'y a pas encore trois jours qu'il faisait un grand tapage au-dessus de ma tête. On aurait dit que toutes les voitures de Lyon roulaient sur le plancher... Pas plus loin qu'hier soir, il y avait des troupes de démons qui secouaient ma porte. J'ai fait le signe de la croix, ils sont tous partis. »

« Peu à peu, disait-il encore en racontant une de ces nuits effrayantes, peu à peu je perdais mon lit; je m'armai vivement du signe de la croix, et le *grappin* me laissa. »

Une fois, à trois heures du matin, il vit le démon sous la forme d'un gros chien noir aux yeux flamboyants, grattant le tombeau d'un homme mort sans confession. Une autre nuit, des chauves-souris innombrables remplissaient sa chambre et volaient autour de son lit. Parfois encore il l'entendait à sa porte imitant tour à tour l'aboiement d'un chien, le grognement d'un ours et le hurlement d'un loup.

Satan alla jusqu'à souiller d'ordures une peinture de la Vierge placée au mur de l'escalier et à laquelle M. Vianney tenait beaucoup. On avait beau la nettoyer, l'ignoble tache reparaissait toujours le lendemain. M. Vianney finit par la faire enlever. Nous tenons du frère Athanase, premier directeur des Frères de la Sainte-Famille, appelés par le saint curé, que cette précieuse image ayant été confiée à un peintre de Lyon pour la réparer, celui-ci, par un pieux larcin, l'a fait disparaître. C'est ainsi qu'elle manque à la riche collection qui fait de la cure de M. Vianney comme un grand reliquaire.

En 1842, un brave gendarme, mêlé aux autres fidèles, attendait à minuit, à la porte de l'église, l'arrivée du bon pasteur. Poussé vaguement vers Dieu par le chagrin, il hésitait. Dans son agitation, cherchant et fuyant à la fois le moment d'entrer au confessionnal, il allait et venait de l'église aux abords du presbytère. Tout à coup il entend venir, comme de la fenêtre de la cure, ces mots très distincts : « Vianney! Vianney! viens donc, viens donc! » Il s'éloignait tout ému. Une heure sonnait alors; le curé paraît une lumière à la main, il voit cet homme, le rassure et l'emmène au confessionnal : « Mon ami, lui dit-il tout d'abord, vous avez des chagrins, vous venez de perdre votre femme; mais ayez confiance, le bon Dieu viendra à votre aide... Il faut d'abord mettre ordre à votre conscience, vous mettrez ensuite plus facilement ordre à vos affaires. » « Je n'essayai pas de résister, dit le gendarme, je tombai à genoux comme un enfant, et je commençai ma confession. Dans mon trouble, je pouvais à peine lier deux idées; mais le bon curé m'aidait. Il eut bientôt pénétré le fond de mon âme. Il me révéla des choses dont il ne pouvait avoir connaissance, et qui m'étonnaient au delà de toute expression. Je ne croyais pas qu'on pût lire ainsi dans les cœurs. »

On n'en finirait pas, en effet, à raconter toutes les avanies que le démon fit au curé d'Ars. Tantôt il détache son précieux bénitier du mur et le met en pièces sous ses yeux; tantôt il lui broie le pauvre pot d'onguent dont il oignait sa jambe malade d'une chute qu'il fit en novembre 1858; tantôt il incendie le lit austère dont on garde le bois demi-brûlé dans le presbytère d'Ars. M. Monnin, approchant de la porte de la chambre, sentit tout à coup une odeur insupportable de roussi. C'était le matin; les exercices religieux l'ayant retenu jusqu'à sept heures, il vit à ce moment une foule nombreuse riant et plaisantant devant le presbytère : « Qu'est-ce? demanda-t-il. — Ne voyez-vous pas que le diable a mis le feu au lit de M. le curé? » En effet, le lit, le ciel, les rideaux, les chers tableaux de M. Vianney étaient en cendres. Le feu s'était arrêté devant la châsse de sainte Philomène, traçant une ligne droite d'une précision géométrique. Le bon curé était à la sacristie, signant des images. Il dit à M. Monnin : « Je demandais cette grâce au bon Dieu. Cette fois, je suis bien le plus pauvre de la paroisse. » Puis il se remit à signer les images, en disant que *c'était là un bien moindre mal que le plus petit péché véniel.*

Quand il ne s'agissait que d'espiègleries démoniaques, il conseillait d'en rire. A la Providence, par exemple, comme le racontaient Catherine et les autres directrices, des bruits étranges se faisaient ouïr, et, persécution d'une autre sorte, des morceaux de viande se trouvaient dans le potage les jours maigres : on avait beau les ôter. Le saint curé, consulté sur ce point par Marie Filliat, lui répondit : « Servez la soupe et faites-la manger quand même : c'est le *grappin* qui fait ça ; moquez-vous de lui. »

---

## XI

### Sa maladie et sa guérison miraculeuse.

Nous l'avons vu, le plus grand miracle de M. Vianney, c'était sa vie. L'âme usurpait de plus en plus sur le rôle du corps. Au lieu qu'elle semble n'être que pour le corps chez tant d'êtres humains, chez le vénérable curé d'Ars, celui-ci n'existait que pour la servir. Les violents maux de tête, pour lesquels il se faisait tirer du sang par le bon frère Jérôme, ne lui ôtaient rien de sa liberté d'esprit. (Chose extraordinaire, expliquée en différents sens par les médecins, ce sang ne s'est point coagulé : il en a été distribué beaucoup, et on peut en voir encore une assez grande fiole dans la chambre du Bienheureux.) Ses douleurs d'entrailles, produites par de cruelles infirmités pour lesquelles il n'acceptait guère de soulagement, lui arrachaient à peine quelque signe de souffrance et l'aveu qu'*il souffrait un peu.* Le soir il semblait au bout de ses forces, et le matin, après ses trois heures partagées entre la prière, le travail, la pénitence et le sommeil que le *grappin* lui enviait, cet homme miraculeux reparaissait avec une force et une vie toutes renouvelées, *comme la jeunesse de l'aigle.*

En septembre 1842, il est atteint d'une fluxion de poitrine, et il en guérit aussitôt comme par enchantement. Le médecin même en arrivait à croire que les maladies du curé d'Ars, mortelles pour un autre, seraient toujours sans danger pour lui.

On en était là lorsque, le 3 mai 1853, étant monté en chaire, le soir, pour faire l'exhortation quotidienne du mois de Marie, il perd la force et la parole; il veut remplacer le discours par une lecture et ne peut l'achever. Il commence la prière, la faiblesse et la défaillance l'interrompent ; il descend de chaire à grand'peine et se met au lit. Tous, en voyant son abattement, pensèrent qu'il ne se relèverait pas. C'était l'impression de ses chers amis du château d'Ars, et l'admirable correspondance de M^me^ des Garets avec sa mère est remplie de ces inquiétudes. Les larmes, les sanglots, remplissaient l'église; les prières montaient au ciel pour la conservation de cette précieuse vie.

M. des Garets ne le quittait guère, et une nuit que le bon curé voulait le forcer à se reposer : « Monsieur le curé, dit-il, si j'étais malade, vous viendriez me veiller. — Oh ! je crois bien, » répondit M. Vianney. Et il le laissa achever la nuit auprès de lui.

Les pèlerins obtinrent parfois, au début de sa maladie, de s'agenouiller à la porte de sa chambre, tandis qu'il donnait sa bénédiction. Mais les émotions le tuaient, et il fallut y couper court. Atteint d'une pleuro-pneumonie à la base du poumon droit en avant et en arrière, et brûlé par une fièvre continuelle et épuisante, il fut soumis à une médicamentation énergique et condamné d'ailleurs au repos le plus absolu. Son irritabilité nerveuse était telle, que M. Pertinant, son garde-malade, se tenait derrière le rideau du lit pour ne pas le fatiguer par sa vue.

Son confesseur, M. Valentin, curé de Jassans, crut devoir lui donner les derniers sacrements, et à l'instant même de cette résolution soudaine sept ecclésiastiques se trouvèrent réunis autour de lui.

On ne voulait pas sonner les cloches, de peur d'augmenter le trouble et la désolation : « Allez faire sonner, dit-il; ne faut-il pas que les paroissiens prient pour leur curé? »

Avant que la cloche eût retenti, la foule était déjà dans l'escalier, dans la cour et jusque sur la place, à genoux, pleurant et priant.

Lorsqu'on lui demanda, nous disent les notes de Catherine Lassagne, s'il croyait à toutes les vérités de notre sainte religion, il répondit : « Je n'en ai jamais douté. » S'il pardonnait à ses ennemis : « Je n'ai jamais, grâce à Dieu, voulu de mal à personne. »

Le lendemain, le curé de Fareins célébrait la messe à l'autel de sainte Philomène. Dans le moment même, le saint curé, que la fièvre n'avait pas quitté, s'endormit : « Je ne sais ce qui se passa, dit Catherine; mais depuis lors il a toujours été de mieux en mieux, jusqu'à son complet rétablissement. » M. Monnin ajoute à cette simple note : « La voix de tout le village, moins discrète que Catherine, prétend savoir ce qui s'est passé... C'est une opinion générale que sainte Philomène lui est apparue, et qu'il s'est dit, dans ce colloque mystérieux, des choses qui ont fait, jusqu'au terme de sa longue vie, la consolation du saint prêtre. »

« Notre saint curé, raconte l'instituteur Pertinant, se voyant réduit à la dernière extrémité, demanda une messe en l'honneur de sainte Philomène, à laquelle il s'était consacré par un vœu spécial. On fit appeler un prêtre voisin pour dire cette messe, et tout ce qu'il y avait à Ars d'étrangers et d'habitants y assistèrent. Avant que le saint sacrifice commençât, M. le curé me parut être dans l'attitude d'une personne qui s'effraye. Je remarquai en lui quelque chose d'extraordinaire, une grande anxiété, un trouble inaccoutumé. J'observai tous ses mouvements avec un redoublement d'attention; je crus que l'heure fatale était arrivée et qu'il allait rendre le dernier soupir. Mais, dès que le prêtre fut à l'autel, il se trouva tout à coup plus tranquille. Il me fit l'effet d'un homme qui voit quelque chose d'agréable et de rassurant. La messe était à peine finie, qu'il s'écria : « Mon ami, il vient de s'opérer en moi « un grand changement : je suis guéri. » Ma joie fut grande à ces paroles. M. Vianney venait d'avoir une vision; car je l'avais entendu murmurer plusieurs fois le nom de sa douce protectrice, ce qui me porta à croire que sainte Philomène lui était apparue; mais je n'osai pas l'interroger. »

De ce moment ses forces revinrent. Les cris et les sanglots se changèrent en larmes de joie. On lui faisait bénir des corbeilles de médailles, de croix, de chapelets : « Je ne sais, écrivait la comtesse des Garets, si tous les évêques de France ensemble en bénissent autant.

« Le vénérable malade, ajoute-t-elle, est d'une docilité exemplaire; il prend tout ce qu'on veut. Hier il avait bien recommandé qu'on jetât son bouillon de poulet; mais, son confesseur étant venu le gronder, il le prit sans mot dire.

« L'autre jour, en voyant toute la faculté autour de son lit, il dit en riant : « Je soutiens en ce « moment un grand combat. — Et contre qui « donc, monsieur le curé? — Contre quatre méde- « cins. S'il en vient un cinquième, je suis mort. »

Cependant ses forces renaissaient avec une promptitude que les médecins appelaient *merveilleuse*. « Dites miraculeuse, » répondit-il.

On constata qu'il n'était ni plus pâle ni plus défait qu'avant sa maladie, et que sa physionomie portait moins l'empreinte de la souffrance. Cependant il parlait de se retirer, pensant que le bon Dieu lui avait laissé la vie pour songer à son propre salut. Il était touché des sentiments de ses paroissiens : « Il y a encore bien de la foi, disait-il à M. des Garets. J'étais bien touché quand je voyais les têtes grises de ma paroisse s'incliner près de mon lit pour recevoir ma bénédiction. »

Cependant M. Vianney manquait toujours dans son église, et l'*on avait peine à pardonner à d'autres de l'y remplacer*. Pour lui, son plus pressant besoin, dès qu'il put se soulever de sa couche, ce fut de courir à son église : son âme y courait en effet, mais il fallut qu'on l'y portât. C'était le vendredi 19 mai : il y avait seize jours qu'il ne l'avait vue. Il tomba devant l'autel, perdu dans l'adoration du saint Sacrement. Il s'agenouilla devant sa chère petite sainte et pria longtemps avec ferveur et consolation.

## XII

**Fuite du curé d'Ars. — Son retour. — Progrès du pèlerinage.**

On venait de placer dans la chapelle de sainte Philomène l'ex-voto de la guérison de M. Vianney : « La croûte, écrit Mme des Garets, pourrait être plus abominable ; elle est admirable pour le plus grand nombre, car on y trouve quelque ressemblance à la figure principale. »

Les désirs de retraite n'avaient point abandonné le curé d'Ars : « Que j'étais heureux, disait-il, quand je n'avais à conduire que mon âne et mes trois brebis ! Je n'avais pas la tête rompue comme à présent. Je n'ai jamais prié Dieu tant à mon aise. C'était l'eau du ruisseau qui suit sa pente. » Mgr Devie venait de donner, comme auxiliaire au curé d'Ars, M. Raymond, curé de Savigneux, qui avait demandé ce poste de dévouement. M. Vianney pensa peut-être que son auxiliaire pourrait suffire à le remplacer.

Un jour, c'était le 12 septembre de cette année 1843, on apprend que M. Vianney est parti la nuit, à une heure. L'alarme s'était pourtant répandue la veille, et on lui donna pour compagnons, et un peu pour espions, Pertinant et Baunis, deux fidèles. « Entre une heure et deux heures, raconte Mme des Garets, on aperçut une petite lumière, et M. le curé qui sortait du presbytère par une porte de derrière et ne marchait pas lentement. » On court après lui, on lui présente des objets à bénir; il poursuit sa route sans y prendre garde, et fait un long détour pour se dérober aux poursuites. Souvent, perdant haleine, il s'asseoit au bord du chemin. Il arrive après sept heures de marche au milieu des siens, sans force et sans voix.

M. des Garets, comme une brebis à la recherche de son pasteur, arrive le lendemain sans pouvoir apprendre où il était, et, tandis que le saint curé se trouvait dans la chambre au-dessus de lui sans qu'il s'en doutât, lui écrit une lettre touchante pour le supplier de revenir.

Cependant, persuadé qu'il avait quitté Ars, chacun le cherchait où il n'était pas. L'école était en pleurs, l'église se vidait, quelques âmes pieuses y pleuraient devant des cierges allumés; il ne restait plus que peu d'espoir.

Catherine seule était dans le secret. Elle écrivit au saint curé : « Nous vous remercions de la bonté que vous avez de penser à nous, et nous serions bien ingrates si nous oubliions une si grande charité. Le but de presque toutes nos prières, en ce moment, est de demander au bon Dieu qu'il accomplisse en vous sa sainte volonté. »

Le 19 septembre, on ne savait encore où était retiré M. Vianney. Il n'y avait plus de messe au village. Cependant, dès le 15, M. Vianney s'était remontré à Dardilly; tous ses parents les plus lointains y étaient arrivés les premiers, et les pèlerins habituels d'Ars y affluèrent à leur tour. Le bon curé dut demander des pouvoirs à l'archevêché de Lyon pour achever les confessions commencées. « On m'a fait voir, dit M. Monnin, la petite chambre haute où il a couché huit jours et où il a donné ses audiences. »

Le dimanche l'encombrement fut tel, qu'on ne dîna qu'après vêpres. Le curé se mit à table et mangea une poire cuite : ce fut tout son repas. En revanche, sa conversation fut pleine d'intérêt : « Voyez-vous, ma cousine, dit-il à Mme Fayolle, d'Ecully, lorsque vous assisterez des mourants, pour les fortifier et les disposer à aller paraître devant Dieu, ne cessez jamais de leur parler que vous ne les voyiez tout à fait trépassés ; car voici ce qui m'est arrivé à moi-même ces jours derniers, que tous m'avaient condamné et laissé là, sans plus rien me dire, tant ils étaient persuadés que j'étais arrivé à ma dernière heure. J'étais donc là, dans l'attente du jugement de Dieu, lorsque le médecin dit, après m'avoir tâté le pouls : « Il n'a plus que quelques minutes à « vivre. » Entendant ces paroles, je pensais en moi-même : Dans quelques minutes, tu seras devant Dieu, tu y paraîtras les mains vides. Puis au souvenir de tant de personnes qui étaient à ma porte, venues de fort loin pour se confesser, me recommandant du fond de mon cœur à la sainte Vierge et à sainte Philomène : « Seigneur, « dis-je en moi-même, si je suis utile, ne me retirez « pas de ce monde ! » Au même instant, je sentis ma vigueur renaître et toutes mes forces revenir.»

Cette affluence de pèlerins fit réfléchir M. Vianney; il sentit peut-être qu'il ne pourrait jamais s'en délivrer, et qu'Ars n'était plus dans Ars, mais le suivait partout. Puis M. Raymond, qui eut besoin pour cela d'user de tous les artifices de la diplomatie, parvint à obtenir du saint curé un rendez-vous dans une paroisse voisine, où son frère le conduisit en voiture, tenant la bride devant le cheval, tant M. Vianney s'était trouvé épuisé par sa fuite à Dardilly. Il monta encore dans un mauvais véhicule qui l'éprouva beaucoup. Arrivés devant une église: « Entrons, » dit-il à M. Raymond. La foule se trouva là si nombreuse, qu'il se laissa persuader de prêcher, et jamais sa voix ne fut plus forte.

Le matin suivant, ils arrivèrent à la chapelle de Beaumont et y dirent la sainte messe. Tandis qu'ils faisaient leur action de grâces, le saint curé dit à l'oreille de M. Raymond : « Retournons à Ars. »

On prit une voiture jusqu'à Ambérieux. On se reposa à Savigneux, d'où M. Raymond envoya la nouvelle du retour aux paroissiens d'Ars. « Jamais meilleure nouvelle, » dit Catherine. En un instant toute la population fut sur pied : « Qu'y a-t-il? — C'est M. le curé! » Alors les travailleurs jetèrent leurs outils, on se porta vers la route : « Voici le saint! » s'écria-t-on bientôt. C'étaient des pleurs. On demanda sa bénédiction, on lui baisait les pieds, on voulait toucher sa soutane.

Il se confondait dans son humilité. Il fit le tour de la place, appuyé sur M. Raymond, bénissant tout le monde. Enfin il put entrer à l'église et faire la prière du soir.

Il était revenu, c'est lui qui le disait, « avec des consolations dans son cœur, » et au milieu de cette foule enthousiaste il ne put s'empêcher de dire avec un naïf étonnement : « C'était donc tout perdu ? Eh bien, tout est retrouvé. »

Ce retour du pasteur au bercail commença ce qu'on pouvait appeler le fort des pèlerinages. M. le curé avait supporté seul le poids de cette affluence prodigieuse jusqu'à l'arrivée de M. Raymond, en 1843. Il n'eut ses missionnaires que dix ans après. L'apogée de ce mouvement fut 1858. On se demande comment il pouvait suffire encore à satisfaire aux demandes de personnages de l'univers entier qui le consultaient par lettres, comment il pouvait en lire une partie, se faire rendre compte des autres et, quand il était nécessaire, envoyer par ses collaborateurs si peu nombreux les réponses aux questions qui lui venaient de toutes parts et en particulier du plus grand nombre des évêques de France et surtout des plus illustres.

## XIII

Les fondations du vénérable curé d'Ars. — Les missions. — La Sainte-Famille d'Ars. — Il conseille la fondation des Auxiliatrices. — Il projette le sanctuaire de sainte Philomène.

Après l'œuvre de la Providence d'Ars, la seconde fondation du vénérable curé fut l'œuvre des missions. A peine le siège de Belley eut-il été rétabli, qu'encouragés par Mgr Devie, MM. Mury et Convert fondèrent, en 1833, l'œuvre des Missions diocésaines. Leur zèle sans bornes dévora promptement leur vie, et en 1841 M. Camelet, âgé de trente-deux ans, leur succédait comme supérieur. Il avait été l'auxiliaire infatigable du célèbre M. Vuarin, curé de Genève. Le grand séminaire de Brou devenant trop petit pour la mission qui avait pris naissance dans ce saint asile, on lui donna le vaste château de Pont-d'Ain. Elle n'avait ni code ni revenu. M. Camelet fut encore son législateur, et le saint curé d'Ars son pourvoyeur. Tandis que le premier recommande à ses missionnaires le soin des campagnes les plus pauvres et les plus délaissées, M. Vianney recueille annuellement une somme de deux mille francs qu'il fait placer sur l'État de manière à assurer, sans dépense pour les curés ni pour le diocèse, des missions décennales à plus de cent paroisses.

Ce fut Mgr Chalandon qui donna pour auxiliaires au saint curé, en 1853, les missionnaires diocésains; il en eut toujours un en permanence auprès de lui; d'autres s'y adjoignaient au besoin et eurent même une résidence près du presbytère. Le premier vicaire missionnaire du curé d'Ars fut M. Toccanier, à qui son supérieur écrivit en le nommant : « Montrez-vous digne de la confiance que nous vous avons témoignée. Regardez-vous comme le représentant de notre société, qui doit beaucoup à M. le curé et qui doit se montrer reconnaissante par vous. Par conséquent, attachez-vous à lui, entourez-le d'égards, d'attention, de témoignages de respect et de vénération. Qu'il sache, qu'il comprenne que vous l'aimez, que vous êtes là pour lui adoucir les amertumes de la vie et les infirmités de la vieillesse. Je serai toujours heureux de recevoir de vos nouvelles et d'apprendre tout ce que vous ferez pour le bien. »

M. Toccanier réalisa ce touchant programme. Il gagna toute l'amitié du curé d'Ars, qui lui disait en le voyant arriver de Seyssel, où le choléra, qui y sévit longtemps, l'avait retenu : « Ah! mon ami, vous voilà, quel bonheur! J'ai pensé souvent que les réprouvés doivent être bien malheureux d'être séparés de Dieu, puisque déjà on souffre tant de l'absence de ceux qu'on aime. » Quel cœur! mais quel honneur pour M. Toccanier d'avoir été digne de ce cœur si tendre et si bon!

C'est quand on lui eut enlevé ses chères orphelines de la Providence que le saint curé disposa des ressources que la charité lui offrait en faveur de l'œuvre de M. Camelet : « J'aime tant les missions, disait-il, que si j'avais le malheur d'être réprouvé et qu'un sentiment de joie fût possible en enfer, je tressaillirais d'allégresse en pensant que ces missions seront la porte du ciel pour un grand nombre d'âmes. »

Après la mort du saint curé, ce fut M. Camelet qui eut le titre de curé d'Ars. M. Toccanier s'était jeté aux genoux de son évêque, refusant ce titre qui lui était offert, et disant qu'il voulait toujours être le vicaire du curé d'Ars. Mais, après la mort de son supérieur, l'obéissance l'obligea à prendre le titre de curé, sous lequel il a fait bénir sa mémoire.

Une des belles œuvres de M. Vianney, c'est encore le fondation du pensionnat des Frères de la Sainte-Famille, à Ars, en 1849. Il fit tous les frais de l'installation d'une école gratuite. Aussitôt des demandes arrivèrent pour qu'on acceptât des pensionnaires dans la maison. Le curé, consulté par le Frère directeur, lui dit aussitôt : « Oui, mon ami, fondez un pensionnat, et vous réussirez. Vous verrez que de jeunes âmes vous allez ravir au *grappin.* »

Aussitôt le Frère accepta des pensionnaires, même sans avoir un local pour les loger. Le maire céda à cet effet la maison commune. Aujourd'hui de vastes bâtiments abritent les heureux enfants des Frères de la Sainte-Famille, qui sont la joie de leurs parents et de leurs maîtres.

M. Vianney contribua par ses conseils à la fondation de la congrégation des Auxiliatrices. Son amour pour les âmes du purgatoire lui mérita des lumières toutes particulières sur les moyens de leur venir en aide. Aussi quand Mlle Smet, de Lille, eut en 1853 la première inspiration relative à cette belle entreprise, et qu'elle cherchait autour d'elle un conseiller sûr pour calmer ses inquiétudes et ses doutes, une voix intime lui nommait M. Vianney en disant : « Voilà celui qui sera ton guide. »

Ses chers parents ne pouvaient consentir à se séparer d'elle. Mais, comme le saint curé l'avait prédit, sa mère fut tout à coup gagnée à la cause des âmes du purgatoire. C'était la fête de la Présentation, et, sur l'autorisation spontanée de sa mère, elle partait ; en janvier 1856, elle était installée à Paris, où le saint curé devait encore la rassurer dans ses craintes et la soutenir dans ses souffrances.

« Il faut, lui fait-il mander, que les âmes du purgatoire puissent dire : Nous avons sur la terre des avocates qui savent compatir, parce qu'elles savent ce que c'est que de souffrir. »

Parole profonde qui va jusqu'au fond du cœur humain et plus loin encore, jusque dans l'abîme du Cœur divin lui-même.

Elle demandait une maison pour ses filles, et les saintes âmes du purgatoire lui en firent trouver une d'où trois communautés religieuses venaient d'être éconduites par le propriétaire, qui prétendait que sa maison ne serait jamais un couvent.

Mlle Smet n'a jamais vu le curé d'Ars, et M. Toccanier ayant dit un jour au saint curé, d'après une lettre de la fondatrice des Auxiliatrices du purgatoire : « Il est possible que la mère de cette famille religieuse vienne vous visiter, » il répondit avec transport : « Oh ! tant mieux ! j'aime mieux sa visite que celle d'une reine. »

Parmi les fondations où le saint curé a pris part, autant par ses vœux que par ses conseils (et les vœux des saints sont des actes féconds), nous ne pouvons oublier le sanctuaire de sainte Philomène.

Un jour une pauvre mère présente au curé d'Ars sa fille affligée d'une ophtalmie incurable. Il regarde doucement la malade en disant : « Faites une neuvaine à sainte Philomène. » La neuvaine se fait, et la malade est guérie.

La mère, qui n'est pas riche, fait présent à la sainte d'un voile magnifique. Mais il lui reste encore vingt francs qu'elle peut donner. Elle les offre à M. Toccanier, pour que le curé d'Ars en fasse l'usage que l'Esprit de Dieu lui inspirera. M. Toccanier lui répond qu'ils seront probablement le principe d'une somme destinée à bâtir un riche autel à sainte Philomène. Il connaissait le vœu du saint curé : « Voici, lui dit-il, une petite somme que l'on vous offre. » Et, lui rappelant leur projet commun, il demande pour l'œuvre qu'il va entreprendre sa permission et sa bénédiction. « O mon ami, vous avez ma permission et ma bénédiction. Je vous accorde l'une et l'autre de grand cœur. »

Aussitôt M. Toccanier monte en chaire, expose le projet et recueille dans la journée la somme de dix-huit cents francs. Un pauvre ouvrier cordonnier, cul-de-jatte, lui apporte un bouton d'or : « Il m'a coûté dix-neuf francs, dit-il; c'est une folie, je vous le donne. » Il plonge ensuite la main dans son gousset, et il en retire vingt-cinq francs. M. Toccanier accepte le bouton d'or, mais refuse les cinq beaux écus. « Vous n'êtes pas riche, dit-il, cet argent vous est nécessaire. — Oh ! Monsieur, dit en souriant l'infirme, acceptez sans crainte; j'ai de mauvais pieds, mais de bonnes mains, et cinquante francs de rente. » Il fallut accepter, « mais à la condition, dit M. Toccanier, que si vous avez besoin de cette somme, vous viendrez la chercher dans ma propre bourse. »

Au récit de ce trait et d'autres semblables, le saint curé s'écrie : « Ah ! c'est bien la volonté de Dieu que cet autel se fasse, car il n'y a que lui qui puisse inspirer ce degré de désintéressement. »

Ce fut alors qu'il transforma dans son projet l'autel en sanctuaire, s'inscrivit pour mille francs et écrivit ces paroles fécondes : « Je prierai le bon Dieu pour ceux qui m'aideront à bâtir une belle église à sainte Philomène. »

Le sanctuaire ne devait s'élever qu'après la mort de son vénérable fondateur. Il ne put obtenir l'autorisation d'une loterie. Ce refus n'avait rien de désespérant : l'argent pouvait arriver par toute autre voie. Mais Dieu avait résolu d'appeler à lui son fidèle serviteur, qui du haut du ciel présida plus utilement encore à cette chère entreprise. Lorsque M. Toccanier lui exprimait ses douleurs et ses craintes au sujet du sanctuaire futur, le saint mourant avait répondu : « Courage, mon ami, vous réussirez. »

M. Toccanier se met promptement à l'œuvre. D'abord les difficultés s'accumulent. Il demande un signe : « On a refusé à M. Vianney l'autorisation d'une loterie de cinquante mille francs ; si l'on en accorde, maintenant qu'il est mort, une de cent mille, je verrai en cela la volonté du ciel, et je ne craindrai plus rien. » Contre toute prévision, la loterie est autorisée. Accompagné du bon M. Ball, aujourd'hui postulateur de la cause du curé d'Ars, il va offrir ses billets de ville en ville. Ils éprouvent des rebuts ; mais que de traits généreux et touchants les en dédommagent !

Une dame de Marseille demande à ses filles si elles veulent donner leurs chaînes d'or à sainte Philomène. L'aînée porte la main à son front ; puis tout à coup elle s'écrie : « Tiens, maman, la voilà ! » Et elle la jette dans le plateau. La seconde l'imite avec le même élan de cœur. Ce n'était qu'une épreuve ; la mère veut rendre les chaînes et les remplacer par une somme équivalente : « Non, maman, non, maman, s'écrient-elles à la fois ; nous avons donné nos chaînes, nous ne les reprendrons plus. » Et les deux bons prêtres quêteurs les reçurent en pleurant d'attendrissement.

On plaça ainsi deux cent quarante mille billets, et cette opération se trouva réalisée le 1er mai 1862. M. Toccanier vit poser la première pierre du sanctuaire, où le génie de M. Bossan et sa foi ont réuni tant de richesses, et où vit à jamais la tendre et naïve piété du curé d'Ars pour sa chère petite sainte.

---

## XIV

Les catéchismes du curé d'Ars. — Ses homélies. — Ses larmes éloquentes.

La foi du curé d'Ars était toute sa science ; mais, comme sa foi était immense, sa science le devenait aussi. Son éloquence était dans toute sa personne, parce qu'elle était avant tout dans l'ardeur de sa charité. Il prêchait par sa démarche, en se rendant à la chaire à travers les flots pressés des auditeurs souvent illustres, qui ne songèrent jamais à le juger, ayant assez, en l'entendant, de se juger eux-mêmes.

On lui demandait un jour : « Monsieur le curé, votre auditoire ne vous a jamais fait peur ? — Non, répondit-il, au contraire ; plus il y avait de monde, plus j'étais content. » Et il ajoutait, pour donner le change : « Les orgueilleux croient toujours bien faire. »

Tout prêchait donc en lui : cette assurance modeste que donne la simplicité d'intention, ce regard ardent qu'animait le zèle de la maison de Dieu, ce corps exténué, cette voix perçante et grêle, cette même voix éteinte dans ses dernières années, tout était éloquent.

Bien qu'il parlât la langue inculte de son pays natal, on peut dire que son style était parfait, car c'était toujours l'enveloppe la plus simple et la plus transparente de sa pensée.

Il parlait de l'amour de Dieu :

« Aimer Dieu, oh ! que c'est beau ! Il faut le ciel pour comprendre l'amour. La prière aide un peu, parce que la prière, c'est l'élévation de l'âme jusqu'au ciel.

« Nous sommes l'ouvrage d'un Dieu : on aime toujours son ouvrage. Comprendre que nous soyons l'ouvrage d'un Dieu, c'est facile ; mais comprendre que le crucifiement d'un Dieu soit notre ouvrage, voilà ce qui est incompréhensible. »

Il parlait de l'enfer :

« Il y en a qui perdent la foi et ne voient l'enfer qu'en y entrant.

« Si un damné pouvait dire une seule fois : « Mon Dieu, je vous aime ! » il n'y aurait plus d'enfer pour lui. Mais, hélas ! cette pauvre âme, elle a perdu le pouvoir d'aimer, qu'elle avait reçu et dont elle n'a pas su se servir. Son cœur est desséché comme la grappe. Plus de bonheur dans cette âme, plus de paix, parce qu'il n'y a plus d'amour. »

R.F. BIBLIOTHÈQUE NATIONALE IMPRIMÉS

« L'enfer prend sa source dans la bonté de Dieu. Les damnés diront : Oh ! si du moins Dieu ne nous avait pas tant aimés, nous souffririons moins, l'enfer serait supportable ; mais avoir tant été aimés, quelle douleur ! »

Il parlait du ciel :

« Dans le ciel, on sera nourri du souffle de Dieu. Si l'on connaissait la beauté du ciel, on voudrait y aller à tout prix. »

Il parlait des commandements de Dieu :

« Les commandements de Dieu sont les enseignements qu'il nous donne pour suivre la route du ciel, comme les écriteaux qu'on pose à l'entrée des rues et au commencement des chemins pour en indiquer les noms. »

De la grâce :

« La grâce de Dieu nous aide à marcher et nous soutient. Elle nous est nécessaire, comme les béquilles à ceux qui ont mal aux jambes. »

De la confession :

« Quand on va se confesser, on va déclouer Notre-Seigneur.

« Quand vous avez fait une bonne confession, vous avez enchaîné le démon.

« Les péchés que nous cachons reparaîtront tous ; pour bien cacher ses péchés, il faut les confesser.

« Nos fautes sont un grain de sable à côté de la grande montagne des miséricordes de Dieu. »

Il avait des comparaisons pleines de charme :

« Il sort d'une âme où réside le Saint-Esprit

une bonne odeur, comme celle de la vigne quand elle est en fleur.

« Celui qui a conservé l'innocence de son baptême est comme un enfant qui n'a jamais désobéi à son père.

« Quand on a conservé son innocence, on se sent porté en haut par l'amour, comme un oiseau est porté par ses ailes.

« Un chrétien qui a la pureté est sur la terre comme un oiseau qu'on tient attaché par un fil. Pauvre petit oiseau ! il n'attend que le moment où on coupera le fil pour s'envoler.

« L'âme pure est une belle rose, et les trois personnes divines descendent du ciel pour en respirer le parfum.

« La miséricorde de Dieu est comme un torrent débordé : elle entraîne les cœurs sur son passage.

« Le bon Dieu aura plus tôt pardonné à un pécheur repentant, qu'une mère n'aura retiré son enfant du feu.

« Les élus sont comme les gerbes de blé qui échappent au moissonneur et comme les grappes de raisin après la vendange.

« Figurez-vous une pauvre mère obligée de lâcher le couteau de la guillotine sur la tête de son enfant : voilà le bon Dieu quand il damne un pécheur.

« Quel cri de joie quand l'âme viendra s'unir à son corps glorieux, à ce corps qui ne sera plus pour elle un instrument de péché ni une cause de souffrance ! Elle se roulera dans le baume de l'amour, comme l'abeille se roule dans les fleurs. Voilà l'âme embaumée pour l'éternité ! »

« Une fois, disait-il, j'allais voir un malade ; c'était au printemps, les buissons étaient remplis de petits oiseaux qui se tourmentaient la tête à chanter. Je prenais plaisir à les écouter, et je me disais : Pauvres petits oiseaux, vous ne savez pas ce que vous dites, que c'est dommage ! vous chantez les louanges de Dieu ! »

Il racontait volontiers de vieilles et naïves légendes :

« Saint Maur, allant porter le dîner à saint Benoît, trouve un gros serpent; il le met avec soin dans le pan de sa robe : « Voyez, père, ce « que j'ai trouvé ! » Mais voilà le serpent qui se met à siffler et à vouloir mordre autour de lui. Saint Benoît lui dit : « Petit, retourne le porter où tu « l'as pris. » Et quand il fut parti : « Mes frères, dit « saint Benoît, savez-vous pourquoi cette bête est « si douce envers cet enfant ? c'est parce qu'il « a conservé l'innocence de son baptême. »

Il voulait qu'on fît comme les bergers qui sont en champ durant l'hiver. « La vie est un bien long hiver. Ils font du feu, mais de temps en temps ils courent ramasser du bois de tous les côtés pour l'entretenir. Si nous savions, comme les bergers, toujours entretenir le feu de l'amour de Dieu dans notre cœur, par des prières et des bonnes œuvres, il ne s'éteindrait pas. »

Il ne tarissait pas sur la prière :

« Plus on prie, plus on veut prier. C'est comme un poisson qui nage d'abord à la surface de l'eau, qui plonge ensuite et qui va toujours plus avant. L'âme se plonge, s'abîme, se perd dans les douceurs de la conversation avec Dieu.

« Il faut quand on prie ouvrir son cœur à Dieu, comme le poisson quand il voit venir la vague.

« Le bon Dieu, quand il nous voit venir, penche son cœur bien bas vers sa petite créature, comme un père qui s'incline pour écouter son petit enfant qui lui parle.

« Le matin, il faut faire comme l'enfant qui est dans son berceau ; dès qu'il ouvre les yeux, il regarde vite par la maison s'il voit sa mère. Quand il la voit, il se met à sourire ; quand il ne la voit pas, il pleure.

« Notre âme, disait-il un jour, est emmaillotée dans notre corps comme un enfant dans ses langes : on ne lui voit que la figure.

« Une fois, racontait-il encore, il passa chez nous un loup enragé qui dévorait tout. Trouvant sur son chemin un enfant de deux ans, il le prit entre ses dents et l'emporta ; mais des hommes qui taillaient la vigne lui coururent sus et lui arrachèrent sa proie. C'est ainsi que le sacrement de pénitence nous arrache des griffes du démon.

« Je ne trouve rien de si à plaindre que ces pauvres gens du monde, ils ont sur les épaules un manteau doublé d'épines : ils ne peuvent faire un mouvement sans se piquer, tandis que les bons chrétiens ont un manteau doublé de peau de lapin.

« Le cœur des méchants est une fourmilière de

péchés. Il ressemble à un morceau de viande gâtée que les vers se disputent.

« Quand nous nous abandonnons à nos passions, nous entrelaçons des épines autour de notre cœur.

« Le démon nous amuse jusqu'au dernier moment, comme on amuse un pauvre homme en attendant que les gendarmes viennent le prendre. Quand les gendarmes arrivent, il crie, il se tourmente; mais on ne le lâche pas pour autant.

« Quant on meurt, on est souvent comme une lame de fer toute rouillée qu'il faut mettre au feu.

« Les pauvres pécheurs sont engourdis comme des serpents pendant l'hiver.

« Le calomniateur est semblable à la chenille qui, en se promenant sur les fleurs, y laisse sa bave et les salit.

« Que diriez-vous d'un homme qui travaillerait le champ du voisin et laisserait le sien sans culture? Eh bien, voilà ce que vous faites. Vous fouillez continuellement dans la conscience des autres, et vous laissez la vôtre en friche. Oh! quand la mort arrivera, quel regret nous aurons d'avoir tant songé aux autres et si peu à nous! car c'est de nous et non des autres qu'il faudra rendre compte. Pensons à nous, à notre conscience, que nous devrions regarder comme nous regardons nos mains pour savoir si elles sont propres.

« Nous avons toujours deux secrétaires : le démon qui écrit nos mauvaises actions, et notre bon ange qui écrit les bonnes, pour nous justifier au jour du jugement. Quand toutes nos actions nous seront présentées, qu'il y en aura peu qui seront agréables à Dieu, même parmi les meilleures! Tant d'imperfections, tant de pensées d'amour-propre, de satisfactions humaines, de plaisirs sensuels, de retours égoïstes, qui s'y trouvent mêlés! Elles ont bonne apparence, mais elles n'ont que l'apparence, comme ces fruits qui semblent plus jaunes et plus mûrs, parce qu'un ver les a piqués. »

Il est vrai que le curé d'Ars avait parfois pour arguments des miracles :

« Il est venu, un de ces jours, deux ministres protestants qui ne croyaient pas à la présence réelle de Notre-Seigneur. Je leur ai dit : « Croyez-« vous qu'un morceau de pain puisse se détacher « tout seul, et aller de lui-même se poser sur la « langue de quelqu'un qui s'approche pour le re-« cevoir? — Non. — Donc ce n'est pas du pain. » Puis M. Vianney ajoutait : « C'est un homme qui « avait des doutes sur la présence réelle; il disait : « Qu'en sait-on ? Ce n'est pas sûr. La consécra-« tion, qu'est-ce que c'est ? Que se passe-t-il sur « l'autel en ce moment-là ? » Mais il désirait croire et priait la sainte Vierge de lui obtenir la foi. Écoutez bien ça. Je ne dis pas que cela est arrivé quelque part, je dis que ça m'est arrivé à moi. Au moment où cet homme se présentait pour recevoir la communion, la sainte hostie s'est détachée de mes doigts, quand j'étais encore à une bonne distance ; elle est allée d'elle-même se reposer sur la langue de cet homme. »

Tous les catéchismes du curé d'Ars étaient improvisés. Mais l'improvisation sérieuse, c'est le fruit naturel d'une possession profonde de la matière que l'on traite. On n'improvise que la forme, et il est certain qu'en tout sujet la préparation éloignée est la meilleure et la plus nécessaire.

Bien qu'elle ne manquât point au saint curé, il écrivit longtemps ses homélies du dimanche. Quatre volumes en ont été publiés d'après ses manuscrits. M. Convert, curé d'Ars, dépouille en ce moment des cahiers de nouvelles homélies authentiques du vénérable serviteur de Dieu, remarquables par la même simplicité, la même onction que les premières et, comme l'observe très bien M. Convert dans les études que publie le *Messager de Sainte-Philomène*, par la même sévérité. Certes, il ne faut pas dire que le saint pasteur a ménagé les reproches à ses paroissiens ni surtout qu'il ne leur en a jamais fait. Il obéit au précepte de l'Apôtre : *Insiste opportunément, importunément*, et le sujet peut-être le plus fréquent de ses sermons c'est l'enfer. Il suit encore en cela le conseil d'un sage qui a dit : « Si vous voulez sauver les âmes, prêchez sur l'enfer. » Il frappe pour corriger, comme un bon père.

Il est vrai, le temps vint où sa voix ne se faisait plus entendre et où ses larmes seules parlaient. Il pleurait, sans doute, avec saint Pierre, et moins justement ses propres péchés ; mais il pleurait surtout avec Jésus-Christ les péchés du monde. Les flèches des ennemis de Dieu l'avaient blessé, et leurs plaies se renouvelaient sans cesse ou se rouvraient toujours. Le confessionnal où il passait sa vie était pour lui le lieu de sa plus rude pénitence : le péché mortel le blessait mortellement ; les péchés quotidiens des âmes pures lui perçaient l'âme ; elle était navrée de douleur à ces coups qui ne font qu'effleurer les autres. C'est qu'il avait du péché cette haine qui n'est donnée qu'aux plus purs ou aux plus purifiés, et le curé d'Ars était l'un et l'autre ; il avait toujours été l'innocence, et il était encore le repentir. Il pleurait, comme il disait, sa pauvre vie ; mais, sans que son humilité s'en rendît compte, il pleurait surtout la nôtre.

Voilà pourquoi le saint curé pleurait sans cesse ; mais il pleurait sous la bénédiction de son Christ, qui lui répétait : « Bienheureux ceux qui pleurent ! » et il entendait dans les profondeurs silencieuses de son âme l'écho lointain de la malédiction évangélique : « Malheur à vous qui riez ! » Il pleurait pour ceux qui rient, et il cherchait à compenser par ses saintes larmes tant de rires criminels ou au moins frivoles.

Il prenait, comme saint Paul, en qualité de membre de Jésus-Christ, sa part de la passion, et dans cette part tenait une large place l'agonie du Sauveur au jardin des Oliviers. Et ses larmes étaient saintement contagieuses. Sur la fin de sa vie, usée dans les travaux et dans la pénitence, il ne prêchait plus ses sermons, il les pleurait. Il pleurait, et les pèlerins qui remplissaient son église pleuraient à leur tour. Il n'avait plus qu'un souffle, qui faisait à peine vibrer ses cordes vocales ; mais l'instrument presque muet rendait une harmonie plus profonde, il ne résonnait plus qu'au vent divin qui souffle où il veut.

C'était son cœur seul qui parlait par ses yeux, et les cœurs qui l'entendaient lui répondaient de la même façon dans la vraie langue du cœur. Spectacle admirable que tant de témoins se rappellent encore, qu'ils n'oublieront jamais ; toutes ces physionomies reflétaient la sienne, parce que toutes ces âmes s'étaient à la fois moulées sur son âme ; elles pleuraient à la fois leurs propres péchés et les péchés d'autrui, à l'imitation de celui qui prêchait ainsi d'exemple la contrition parfaite et la haine du péché.

Tel était l'orateur vraiment sacré que Lacordaire vint admirer dans son église, et qui lui fit entrevoir le Saint-Esprit.

---

## XV

### Les conversations du curé d'Ars.

La conversation intime du curé d'Ars était pleine de charme. C'était l'épanchement d'un cœur et d'un esprit également enrichis des richesses même de l'Esprit-Saint, et il était toujours cet homme docte de l'Évangile qui tire de son bon trésor *du vieux et du nouveau.* En même temps elle avait un caractère de cordialité qui venait de sa charité pour les autres hommes. Elle était enfin, comme sa physionomie si caractéristique, l'image de son âme.

Qui n'a vu quelqu'un des portraits du curé d'Ars, de ces portraits qu'il poursuivait de ses railleries et de son mépris, les appelant *son carnaval?* Tous sont d'une extrême imperfection, quelques-uns peut-être ridicules, comme celui qui faisait dire au bon curé, choqué de sa criarde enluminure : « Dirait-on pas que je sors du cabaret? » Mais beaucoup cependant, les plus nombreux peut-être, donnent quelque idée de sa vie mortifiée, de cette nature humaine éteinte dans les larmes saintes, dans les jeûnes, dans les veilles et dans les plus terribles macérations. Ils reflètent en même temps, sur cette austère physionomie, le calme et la joie de l'âme; c'est une austérité voilée de gaieté. Voilà bien aussi la conversation du curé d'Ars. Sa *conversation*, comme le veut saint Paul, *est dans les cieux;* mais elle sourit à la terre.

Il est mort usé par les travaux, mais dans la plénitude de ses facultés physiques et intellectuelles. Ni la vue ni l'ouïe n'ont subi de déclin chez lui, pas plus que l'esprit lui-même. Petit de taille, grêle d'aspect, il semble qu'il eût déjà le corps spiritualisé des élus; ce corps ne lui servait évidemment qu'à contenir l'âme. Aussi son regard était d'une intensité dont on n'a pas idée.

L'expression en était incomparable, soit qu'il peignît la tristesse de l'âme à la vue du péché, la joie d'aimer Dieu, la pénétration d'un esprit qui lisait dans les âmes. Ce regard seul faisait deviner ce que ses paroles pouvaient exprimer de grand, de beau, de profond, mais aussi d'aimable et de gracieux. On voyait bien chez lui que la *grâce* divine est, en effet, *pleine de grâces*.

« Oh ! que l'on voit bien et que l'on voit beau quand on voit par le Saint-Esprit ! disait à son sujet un savant professeur de philosophie. A quelle hauteur de sens et de raison la foi nous élève ! »

Et cette hauteur n'empêchait pas, loin de là, le saint curé d'avoir des mots charmants.

Quand son évêque lui disait gracieusement : « Mon bon curé, vous me permettrez bien de célébrer la sainte messe dans votre église ? » il répondait : « Monseigneur, je regrette que ce ne soit pas Noël, pour que vous puissiez en dire trois. »

A un de ses missionnaires qui venait de passer la Fête-Dieu à Lyon, il disait au retour : « Il y avait une fois un saint qui disparaissait la veille de toutes les grandes fêtes. On ne le voyait que le lendemain. Il allait célébrer la fête en paradis. Je pense, mon cher camarade, que vous faites comme lui. »

Il voulut faire la dépense des croix que les missionnaires reçoivent le jour de leurs vœux : « Laissez-moi faire, dit-il ; j'ai tant de croix, que je puis bien en donner à mes amis. »

Un lazariste de Valfleury demandait à M. le

curé si un de leurs pères, récemment atteint de paralysie, pourrait encore prêcher : « Oui, mon ami, répondit-il, il prêchera toujours : la prédication des saints, ce sont leurs exemples. »

Le grand vent ayant empêché, à la Fête-Dieu, une magnifique illumination projetée dans le parc du château, le saint curé dit en montrant la jeune famille qui entourait les degrés du reposoir : « Voilà des flambeaux ardents et luisants que le vent n'éteindra pas. » Il disait le même jour : « Cette maison change d'habitants, les générations s'y succèdent; mais c'est toujours la maison du bon Dieu. » On lui offrait des rafraîchissements : « C'est inutile, je n'ai besoin de rien : comment serais-je fatigué? Je portais Celui qui me porte. »

Un prêtre qui l'accompagnait, par un soleil de juillet, veut le couvrir de son chapeau : « Vous feriez mieux, mon ami, de me donner votre science et vos vertus. »

« Monsieur le curé, si vous aimez vos missionnaires, lui disait un d'entre eux, vous leur laisserez en partant le manteau d'Élie. — Mon ami, il ne faut pas espérer un manteau là où il n'y a pas même une chemise. »

On lui disait qu'il était le seul chanoine nommé jusqu'à ce moment par Mgr Chalandon : « Je le crois bien, répondit-il; Monseigneur a eu la main par trop malheureuse : il a vu qu'il s'était trompé, il n'ose plus recommencer. »

« Oui, je suis, répondit-il un autre jour, chanoine honoraire par la trop grande bonté de Monseigneur, chevalier de la Légion d'honneur par une méprise du gouvernement, et berger d'un âne et de trois brebis par la volonté de mon père. »

Le fondateur d'un orphelinat célèbre parlait d'avoir recours à une grande publicité : « Au lieu de faire du bruit dans les journaux, lui dit-il, faites-en autour du tabernacle.— Monsieur le curé, je serais heureux de faire mon noviciat auprès de vous. — Soyez tranquille, on vous le fera faire. »

Il disait à un missionnaire qui parlait d'envoyer en terre sainte une personne zélée, mais très changeante : « Envoyez-la en paradis; au moins elle n'en sortira pas. »

« Monsieur le curé, lui disait un confrère un peu chargé d'embonpoint, quand vous irez au ciel, je m'accrocherai à votre soutane. — O mon ami, gardez-vous en bien, l'entrée du ciel est étroite. » Et il le regardait en souriant. Le lendemain il craignit de l'avoir froissé et lui fit d'aimables excuses.

Il répondait à une grande et grosse dame qui lui demandait le chemin du ciel : « Ma fille, faites trois carêmes. »

Une religieuse lui disait naïvement : « On croit, mon père, que vous êtes un ignorant. — On ne se trompe pas, ma fille; mais c'est égal, je vous en dirai encore plus que vous n'en ferez. »

Une personne demandait des reliques. Il répondit : « Qu'elle en fasse ! »

En offrant des croix à une dame qui venait de

lui renouveler sa provision, il lui racontait que son père, invité à se chauffer par un homme qui lui volait du bois, répondit : « En effet, quand on « fournit le bois, on peut bien se chauffer. » Ainsi, ajoutait-il, vous pouvez bien accepter les médailles. »

Le frère Athanase étant tombé de voiture, le saint curé lui dit : « Mon ami, saint Antoine n'est jamais tombé de voiture : il fallait faire comme lui. — Monsieur le curé, comment faisait donc saint Antoine? — Il allait toujours à pied. »

C'est ainsi que le frère Jérôme, ayant oublié son manteau un soir chez le saint curé, revint aussitôt pour le reprendre : « Mon ami, lui dit-il, je n'ai jamais oublié mon manteau.— Parce que vous n'en avez pas, monsieur le curé. — C'est cela même. »

Il disait à une dame qui lui faisait perdre son temps : « Ma petite, quel est le mois de l'année où vous parlez le moins? — Je ne sais pas, dit-elle. — C'est le mois de février, car il n'a que vingt-huit jours. »

Ce n'était là que la partie la plus superficielle et la plus légère des conversations du saint curé. Le plus souvent ses entretiens familiers n'avaient d'autres sujets que ceux de ses catéchismes et de ses homélies, et ses réflexions sortaient naturellement de sa prière. Mais nous avons voulu montrer, en citant quelques bons mots du curé d'Ars, que les fruits les plus abondants de la sainteté ne bannissent aucune fleur; que tous les saints, en effet, ont leurs *fioretti*, comme saint François, et que ces petites fleurs tiennent toujours quelque chose du terroir qui les a produites et du climat où elles sont nées : nous voyons ici Dieu traiter la nature humaine avec tant de respect, que l'Esprit divin, chez le curé d'Ars, n'a point aboli les droits de l'esprit français. Qu'on ne s'y trompe pas pourtant : ces reparties gracieuses sont, à côté des catéchismes et des homélies, des leçons toujours sérieuses et utiles, comme tout ce qui émane des saints.

---

## XVI

### M. Vianney au confessionnal.

C'était là, si j'ose le dire, le trône de sa sainteté. C'est là qu'il a passé la plus grande partie de sa vie, c'est là qu'il a consommé son sacrifice.

Mais souvent il lui fallait, avant d'aller s'asseoir à ce tribunal, répondre à bien des questions quelquefois indiscrètes et inutiles.

« Mon père, il y a trois jours que je suis ici, et je n'ai pu encore vous parler. — En paradis, mon enfant, nous causerons en paradis. »

« Mon père, j'ai fait deux cents lieues pour vous voir. — Il ne valait pas la peine de venir si loin pour ça. »

« Mon père, je n'ai pu encore vous voir. — Vous n'y avez pas perdu grand'chose. »

« Mon père, rien qu'un mot. — Ma petite, vous m'en avez déjà dit vingt. »

« Mon père, mon mari est-il en purgatoire? — Je n'y suis pas allé. »

« Mon père, je voudrais bien que vous me disiez quelle est ma vocation. — Votre vocation, mon enfant, est d'aller au ciel. »

« Mon père, j'ai peur de l'enfer. — Ceux qui en ont peur risquent moins d'y aller. »

Mais quand une demande sérieuse lui était faite de bonne foi, alors les lumières d'en haut lui étaient données pour y répondre.

Un prêtre disait à M. Monnin :

« M. le curé m'a stupéfié ce soir par la précision, la netteté et la promptitude de ses réponses à deux questions personnelles et très importantes.

« Monsieur le curé, lui disais-je, j'ai envie, en sortant d'ici, d'aller faire une retraite au noviciat de Flavigny.

— Oui, mon ami, vous ferez bien, vous ferez très bien. Si je pouvais vous y suivre!

— Monsieur le curé, si le bon Dieu me disait d'y rester et d'y prendre l'habit de saint Dominique?

— Non, mon ami, non; c'est un désir étranger. Restez là où vous êtes.

— Pensez-vous que Notre-Seigneur ne me demandera pas compte d'un bon désir qui viendrait de lui et que j'aurais étouffé?

— Non, dit résolument M. Vianney, vous êtes où Dieu vous veut. En restant là, il y aura toujours plus de bien à faire que vous n'en ferez.

— Monsieur le curé, donnez-moi votre bénédiction, afin que je puisse toujours connaître et accomplir la volonté de Dieu.

— Que cette bénédiction, mon ami, vous *pousse* et vous *retienne.* »

Et il en était toujours ainsi. Un curé qui avait consulté tous ses auteurs sur un cas de restitution très embrouillé vient trouver M. Vianney et reçoit de lui la solution en un seul mot :

« Eh bien ! s'écrie-t-il, vous avez quelqu'un, vous, qui vous conseille ! » Et il ajouta : « Monsieur le curé, où avez-vous fait votre théologie ? » M. Vianney lui montra son prie-Dieu.

On a vu plus haut l'histoire de la fondation des Auxiliatrices et la direction qu'il donna constamment à la fondatrice.

Dans un ordre de choses bien différent, les lumières qui lui furent données n'étaient pas moins étonnantes. La paix étant conclue après Solférino, il dit à M. Monnin, qui s'en réjouissait : « Ah ! mon ami, ce n'est pas fini. » Et il poussait un profond soupir.

Mais le voici rendu à son confessionnal, où il n'arrivait qu'à grand'peine à travers la foule. Il reçoit tour à tour, et chacun à son rang, ceux qui se présentent. Il n'a de préférence et de tour de faveur que pour ceux dont il lit les besoins dans leur âme, les plus grands pécheurs ou les justes les plus tourmentés par l'inquiétude. Il dit à une dame qui fait du bruit pour passer avant d'autres : « Quand vous seriez l'impératrice, vous attendrez votre tour. » Le frère Jérôme, quelques hommes de bonne volonté et huit ou dix femmes faisaient la police du confessionnal, et, au moyen d'une barre de fer, ne laissaient passer les pénitents qu'à leur tour. Il y avait des luttes, des chutes assez fréquentes, des incidents comiques. Pendant ce temps le pénitent faisait sa confession, le plus souvent générale, et des miracles de la grâce se passaient dans ce saint tribunal. En un instant, pour chacun, le mystère était accompli ; le confesseur avait trouvé le mot unique qu'il lui fallait et qui opérait en lui la conversion ou la lumière. Ce qu'il ne put jamais comprendre, c'est la malice du péché : « O mon enfant ! s'écriait-il, offenser le bon Dieu qui ne nous a jamais fait que du bien ! » Et quand on lui disait : « Je n'ai fait que cela. — Quoi ! vous n'avez fait que cela ! Que voudriez-vous donc avoir fait de plus ? »

Quand le curé d'Ars avait donné tout ce qu'il avait, Dieu lui-même venait à son tour y mettre du sien. Un jour un pécheur endurci résistait à son éloquence et à ses larmes. Tout à coup il le voit tomber à ses pieds. Un nimbe lumineux était apparu à ce malheureux autour de la tête du curé d'Ars. Comme le rapporte une lettre datée de 1846, et racontant une conversation de M. Vianney, le saint curé lui demande « pourquoi il pleure et pourquoi il est si troublé ». Le vieux pécheur lui répond qu'il a vu sa tête environnée d'un cercle de lumière. Le bon saint traduisait cela en termes plus simples : « Il m'a dit qu'il avait vu des petites chandelles autour de ma tête. » Il parlait encore d'un autre pécheur qui, au milieu de la nuit, entendit une voix qui lui criait : « Va trouver le curé d'Ars. » Il vint et se convertit.

Il avait des consolations appropriées à toutes les douleurs. On voyait bien qu'il avait la révélation de l'intérieur de ses pénitents. Il leur disait leur attrait, leur vocation, leurs voies. Une des pénitentes les plus assidues de M. Vianney a raconté au père Monnin un grand nombre de faits dont nous abrégeons le récit.

Elle-même, étant allée pour la première fois à son confessionnal, ne savait comment exprimer une peine d'esprit qui tenait à sa vocation : « Je ne puis, dit-elle, rendre l'impression que j'éprouvai, lorsqu'il répondit à ce que je lui cachais avec une précision que je n'avais pas osé espérer, lors mêne que je lui eusse exprimé la chose avec minutie. » Il lui rappelait des péchés qu'elle n'avait pas su discerner; il s'apercevait même de ses légers mouvements d'amour-propre et les réprimait doucement.

Une jeune fille, contrariée par ses parents dans sa vocation religieuse, avait dit à cette même personne : « Mes parents ne savent pas ce que c'est qu'une vocation. » Cette jeune fille put faire un court voyage à Ars et se confesser au saint curé, qui lui dit : « Vos épreuves seront finies dans un an. » J'appris le mariage de sa sœur, et je demandai : « Maintenant ses parents la laisseront-ils aller? — Moins que jamais. — Vous verrez, dis-je, qu'elle en mourra. » Le printemps suivant, elle tombe malade. Ses parents promettent de ne plus contrarier sa vocation. Mais il n'était plus temps : *ses épreuves étaient finies.*

C'est encore un vieux pécheur qui ne s'est pas confessé, dit-il, depuis quarante ans. « Mon ami, dit le curé d'Ars, il y a plus que cela, il y a quarante-quatre ans. »

A un autre qui ne se rappelait plus l'époque, il dit qu'il y a vingt-huit ans, et le fait convenir qu'il a reçu alors l'absolution et n'a pas communié. « C'est vrai, » dit-il.

Une personne très respectable déclare que jamais elle n'a eu à subir aucune épreuve sans en avoir été avertie à mots couverts par le saint curé. L'événement éclaircissait la prophétie. Une fois pourtant il fut plus clair : « Ma fille, lui dit-il, vous allez passer par de grandes douleurs; ramassez toutes vos forces. » Cette mère perdit deux fils en six mois.

Une autre l'ayant interrogée sur l'intégrité de ses confessions précédentes, sa réponse fut si formelle, que toutes ses craintes s'évanouirent.

Une orpheline de la Providence s'étant présentée bien des fois au saint tribunal avec un péché mortel qu'elle cachait, le saint curé ne l'envoyait jamais à la communion. Enfin, ayant confessé ce péché, elle trouva aussitôt grâce devant lui et devant Dieu.

Quand on voulait le tromper, il s'en apercevait et répondait à ces faux pénitents : « Mon ami, je ne peux pas, je n'ai pas le temps. » Mais souvent le repentir les a jetés à ses pieds, et il devenait aussitôt un père pour ces enfants égarés.

Que de fois il a complété la confession de ses pénitents, rappelant les fautes omises ou bien oubliées !

Dieu donnait aux hommes par son ministère toutes les grâces de conversion qui leur étaient utiles : la grâce ne pouvait trouver un canal plus pur.

---

## XVII

### Les vertus du curé d'Ars. — Ses dons surnaturels.

Toutes les grâces que Dieu nous accorde pour les autres, le don des miracles lui-même, ne sont pas des mérites. Mais il est bien certain qu'elles sont souvent la récompense de la vertu. Et qui en pourrait douter, pour ce qui regarde le curé d'Ars ?

« Sa foi est si vive, dit Catherine Lassagne, qu'il semble voir les choses. » « Lorsque vous êtes en route, disait-il, et que vous apercevez un clocher, cette vue devrait faire battre votre cœur ; vous ne devriez pas pouvoir en détacher vos regards... Que vos yeux sont heureux, s'écriait-il, de contempler le bon Dieu ! » Il disait encore : « Il y a des prêtres qui le voient tous les jours à la messe. » Il communiquait ses espérances aux mourants, et il a souvent parlé d'un livre à écrire sur les délices de la mort.

« Que faut-il faire, lui disait-on, pour mériter

cette récompense du paradis ? — Mon ami, la grâce et la croix. »

Il ne pensait qu'à Jésus-Christ, ne parlait que de lui : « Un chrétien qui aurait la foi mourrait d'amour. » Il recommandait surtout la dévotion à la Passion, à l'Eucharistie, à la sainte Vierge, aux âmes du purgatoire.

Il disait en tenant le corps de Jésus-Christ, dans les heures de découragement où il ne se jugeait digne que de l'enfer : « Ah ! si du moins je pouvais l'emmener avec moi, l'enfer me serait doux près de lui ! »

« Quand nous venons de communier, si quelqu'un vous disait : « Qu'emportez-vous dans « votre maison ? » Vous pourriez répondre : « J'emporte le ciel. »

Il avait au plus haut degré le don d'oraison. Il aimait à entendre la parole de Dieu. Il avait consacré chaque jour de la semaine à une dévotion particulière. Avant que l'Immaculée Conception fût définie, il avait attaché son cœur à cette croyance. Comme il fut heureux de la voir proclamer par la chaire de Pierre ! « L'*Ave Maria,* disait-il, ne lasse jamais. Le Fils, disait-il encore, a sa justice, la Mère n'a que son amour. » Il honorait particulièrement saint Joseph, saint Jean-Baptiste, saint Jean l'Évangéliste, saint François d'Assise, saint François Régis, saint Louis roi de France, saint Louis de Gonzague, saint Stanislas, saint Nicolas de Tolentin, sainte Catherine de Sienne, sainte Colette. Il avait un culte pour sainte Thérèse, saint François d'Assise et sainte Claire.

Sa charité, son zèle pour la religion, n'étaient pas moindres que sa foi et son espérance. Son amour du prochain n'avait pas de bornes, puisqu'il lui donnait ses jours et ses nuits. Ses pénitences pour les pauvres pécheurs, jeûnes perpétuels, macérations effrayantes, qui les connaîtra jamais ? Un jour il a dit à M. Monnin : « Je ne sais pas si c'est réellement une voix que j'ai entendue ou si c'est un rêve ; mais, quoi qu'il en soit, cela m'a réveillé. Cette voix m'a dit qu'arracher une âme au péché est plus agréable au bon Dieu que tous les sacrifices. J'étais alors dans toutes mes résolutions de pénitence. » Il priait sans cesse pour les pécheurs et avouait qu'il ne pouvait s'en empêcher.

« Vous avez prié, disait-il à un curé, vous avez pleuré, vous avez gémi, vous avez soupiré. Mais avez-vous jeûné, avez-vous veillé, avez-vous couché sur la dure, vous êtes-vous donné la discipline ? Tant que vous n'en serez pas venu là, ne croyez pas avoir tout fait. »

« Monsieur le curé, lui disait un jour un missionnaire, si le bon Dieu vous proposait, ou de monter au ciel à l'instant même, ou de rester sur la terre pour travailler à la conversion des pauvres pécheurs, que feriez-vous ?

— Je crois que je resterais, mon ami.

— Resteriez-vous sur la terre jusqu'à la fin du monde ?

— Tout de même.

— Dans ce cas, vous auriez bien du temps devant vous. Vous lèveriez-vous si matin ?

— Oh ! oui, mon ami, à minuit. Je ne crains pas la peine. Je serais le plus heureux des prêtres, si ce n'était cette pensée qu'il faut paraître au tribunal de Dieu avec ma pauvre vie de curé. »

Après les pécheurs, les pauvres; tout ce qui était à lui leur appartenait.

Un jour, il réclamait une petite créance d'un de ses débiteurs qui, prétendant que le curé d'Ars n'avait pas besoin d'argent, refusa de solder : « Il le croit lui, se contenta d'observer l'indulgent prêteur, que je n'ai pas besoin d'argent. Cependant nous approchons de la Saint-Martin, et j'ai plus de trente loyers à payer. »

« Que nous sommes heureux, disait-il, que les pauvres viennent ainsi nous demander ! S'ils ne venaient pas, il faudrait aller les chercher, et on n'a pas toujours le temps. »

Il se plaisait à raconter les histoires des saints croyant donner à un pauvre et donnant à Jésus : « Il ne faut jamais mépriser les pauvres, parce que ce mépris retombe sur Dieu. »

Malgré son humilité, il consentait à vendre très cher de vieux souliers, de vieilles soutanes, de vieux surplis et jusqu'à sa dernière dent, pour donner à ses pauvres. Il vendait aussi les habits neufs qu'on lui donnait pour garder les vieux. Un jour, il donne ses bas et ses souliers à un pauvre dont les pieds écorchés lui faisaient compassion. Une autre fois, c'est son mouchoir; il n'avait que cela. Depuis il eut soin d'avoir toujours une bourse pleine, et il y puisait les yeux fermés. Il prévient un jour une femme qui lui avait volé neuf cents francs et que les gendarmes cherchaient. Il fait une pension à une autre pour qu'elle ne vole plus.

D'ailleurs, l'argent lui manquait peu, et, quand il manquait, il « cassait la tête » à ses saints pour en avoir; et il en trouvait dans ses poches, sur sa table, dans ses tiroirs et dans les cendres de son foyer.

« Il lui suffit, affirme Catherine, d'avoir un désir, il a ses consuls au ciel. Il veut établir une fondation en l'honneur du Cœur de Marie. Il demande l'argent à la sainte Vierge. « Le même jour, affirme Catherine, il nous dit : « J'ai trou-« vé deux cents francs dans mon tiroir. Oh! « comme le bon Dieu est bon ! — Eh bien, dit « Jeanne-Marie Chaney, puisque c'est de l'ar-« gent miraculeux, il faut garder quelques écus. « Peut-être, qui sait? en feraient-ils venir « d'autres. — Oui, répliqua M. le curé, c'est « de l'argent céleste. » Jeanne-Marie prit, en effet, quatre de ces pièces de cinq francs et les remplaça par d'autres. Elle se repentit de n'avoir pas pris la somme entière. »

On trouve encore dans les notes de Catherine, à la date du 9 octobre 1839 :

« M. le curé nous a dit : « Il m'est arrivé « aujourd'hui une chose singulière. J'en ai ri tout

« seul. Je me suis aperçu que ma bourse gros- « sissait, grossissait... J'y ai trouvé une poignée « d'écus et un louis double. — Monsieur le curé, « c'est quelqu'un qui vous les a donnés. — Je « n'en sais rien, mais je ne le crois pas. Mon « armoire est fermée à clef, et la clef était là « dans le tiroir de ma table. Au reste, ce n'est pas « la première fois que cela arrive. J'ai bien trou- « vé une pièce de vin dans ma cave. Ce n'était « pas moi qui l'y avais portée, ni fait porter. « Plus on se fait pauvre pour l'amour de Dieu, « et plus on est riche en réalité. »

Ce fait rappelle le miracle éclatant du vin répandu dans la cave de la Providence : « Celui qui a permis que ce vin coulât, dit le curé, saura bien le faire revenir. » En effet, on réussit à en recueillir environ soixante litres, on les met dans un tonneau vide d'une contenance de deux cents litres, et le tonneau se trouve plein. Ce vin était d'une qualité à laquelle la maison de la Providence n'était point accoutumée. Le bon Dieu sait faire bien comme il sait faire grand.

« Depuis quelques jours, raconte M. Tailhades, le curé d'Ars avait engagé les enfants de la Providence à faire une neuvaine en faveur de la sainte Vierge, de saint Joseph et de saint Jean-Baptiste, pour un objet important. Dans le cours de cette neuvaine, je le rencontrai, il me dit : « Je suis bien ennuyé, je dois plus de trois « mille francs... Ah ! il faut bien faire attention « aux dettes. — Allons, monsieur le curé, lui

« répondis-je, soyez tranquille. Le bon Dieu « arrangera tout ça. »

« Le lendemain, au sortir du catéchisme, nous échangeâmes quelques mots. Il me dit : « Je « vous quitte, je vais compter mon argent. » Par discrétion, je ne crus pas devoir l'interroger ni le suivre. Quelques instants après il vint me voir lui-même et me dit tout joyeux : « Eh bien, « nous avons trouvé de l'argent, beaucoup d'ar- « gent... J'étais ce matin tout cousu d'or. Le poids « en était si lourd, que j'avais de la peine à mar- « cher. Mes poches se balançaient de côté et « d'autre. J'étais obligé de les soutenir de mes « deux mains. J'avais honte et peur qu'on me vît.

« — Vous voyez bien, monsieur le curé, que le bon Dieu vous veut ici, puisqu'il fait des miracles pour venir à votre secours.

« — Oh ! ce que le bon Dieu fait ici, il pourrait bien le faire ailleurs. Quand saint Vincent de Paul allait à droite et à gauche pour ses fondations, la divine Providence le suivait partout.

« — Mais enfin, monsieur le curé, où avez-vous trouvé cet argent ?

« — Je l'ai bien trouvé quelque part... Tenez, encore ce matin, une dame m'a donné une poignée d'écus.

« — Monsieur le curé, enseignez-moi donc le moyen de faire ainsi des miracles. »

« M. Vianney prit un air sérieux et, au lieu de me répondre directement, il me dit : « Mon ami, « il n'y a rien qui déconcerte plus le démon et

« attire plus les grâces de Dieu que les jeûnes et les « veilles. Quand j'étais seul et que je pouvais me « satisfaire sur ce point, j'obtenais tout ce que je « voulais... » Ici le saint curé fut interrompu par ses larmes. Il continua : « Maintenant je ne peux « pas demeurer autant sans manger. J'arrive à ne « pouvoir plus parler et à n'avoir plus de force. »

« Une autre fois, le 2 novembre, raconte encore l'abbé Tailhades, il demande à la sainte Vierge deux cents francs pour la même œuvre. Le soir on lui en apporte trois cents; mais il se contente de ce qu'il avait demandé. »

Quand il voulait savoir si une œuvre était bonne à entreprendre, il demandait un signe au bon Dieu, et le bon Dieu le lui donnait.

Un jour il arriva joyeux, dans sa visite aux missionnaires : il venait de découvrir qu'il était riche de deux cent mille francs, car il avait placé deux cent mille francs dans la seule œuvre des missions. Il a fondé plus de mille messes annuelles, soit en l'honneur de l'humanité de Jésus-Christ, de ses cinq plaies, de son agonie, soit pour amende honorable des outrages au saint Sacrement, pour les pécheurs et pour la conversion des mourants, soit en l'honneur du Saint-Esprit, du saint Cœur de Marie, de Notre-Dame des sept Douleurs; en un mot, pour les intentions les plus variées. « Le *grappin*, disait-il, est furieux quand il voit que de ce même argent dont il se sert pour corrompre et perdre les âmes, nous faisons sortir leur salut. »

Un jour, il dit à M. Toccanier : « J'ai fait aujourd'hui des cendres qui sont bien chères : j'ai allumé mon feu avec une lettre qui contenait un billet de banque de cinq cents francs, que j'avais laissée par mégarde sur ma table. — C'est bien dommage, monsieur le curé ; c'était probablement une fondation de missions ou de messes. — Précisément, mon bon ami. Ah ! bah ! c'est moins qu'un péché véniel. — Monsieur le curé, dit M. Toccanier, le bon Dieu vous le rendra. » C'est ce qui eut lieu. En effet, le bon curé ayant raconté cette perte à M. de L. B., qui était à Ars, ce monsieur alla vite chez lui chercher cinq cents francs pour les lui donner. Le soir, il dit à M. Toccanier : « Le bon Dieu m'a pris cinq cents francs d'une main, et il me les a rendus d'une autre. Les pauvres pécheurs n'y perdront rien. »

Que dirons-nous de son humilité ? Un de ses missionnaires lui demandait s'il n'était jamais tenté d'orgueil : « Ah ! mon ami, répondit-il, si je n'étais pas seulement tenté de désespoir ! »

Aucun procédé ne le choquait, et il regardait avec indifférence les compliments et les injures. Il pensait que si Dieu avait trouvé dans le diocèse un prêtre plus ignorant que lui et de moindre valeur, il eût pris celui-là de préférence pour faire son œuvre.

Les portraits et les biographies qu'on publia de lui furent une des plus grandes épreuves de sa vie. Son corps, il l'appelait son cadavre, et son portrait, son carnaval. Il aimait à raconter le trait de saint Macaire, à qui le diable dit un jour :

« Tout ce que tu fais, je le fais ; tu jeûnes, mais moi je ne mange jamais ; tu veilles, moi je ne dors jamais. Il n'y a qu'une chose que tu fais et que je ne puis faire. — Quoi donc? — M'humilier. »

« Humilité, humilité, redisait-il : il n'y a que l'orgueil qui nous empêche de devenir des saints. » Sa pauvreté ne fut pas moindre que son humilité. Ses meubles ne lui appartenaient pas. Sa cuisine ne voyait pas de feu. Catherine et quelques personnes généreuses avaient la charge de le nourrir et de le vêtir. Quelques vieux livres, quelques enluminures pieuses, les portraits des évêques de Belley, voilà les ornements de sa chambre délabrée, où rien n'a été changé depuis le moment de sa mort. Catherine ayant voulu remplacer par une tasse en faïence la vieille écuelle de terre du saint curé : « On ne pourra donc pas venir à bout, s'écria-t-il, d'avoir la pauvreté dans son ménage ! »

On a vu déjà quelque chose de sa mortification : « Il n'y a, disait-il, dans la mortification que le premier pas qui coûte. » Il se refusait tout plaisir, ne buvait pas quand la soif le consumait, ne sentait jamais une fleur, ne paraissait dégoûté d'aucune vue ni d'aucune odeur, ne s'asseyait point, ne s'accoudait jamais quand il était à genoux, ne se chauffait qu'à la dernière extrémité. Il supportait sans se plaindre les souffrances atroces que le bon Dieu lui envoyait, et il y ajoutait lui-même des tourments toujours nouveaux. Il se trouvait malheureux quand il cessait quelques moments de souffrir. Un jour, souffrant des dents, il refuse d'envoyer chercher le médecin et se fait arracher trois dents avec de grosses tenailles : l'une d'elles était couverte d'herbes crues. Dans un hiver rigoureux, ses deux pieds gelèrent. Il avouait qu'au sortir du confessionnal il lui fallait chercher ses jambes. « Bah! disait-il, au ciel nous ne penserons plus à tout ça. » Il avoua un jour qu'il avait dit à Dieu : « Accordez-moi la conversion de ma paroisse : je consens à souffrir ce que vous voudrez tout le temps de ma vie. » Il a dit d'autres fois : « J'accepterais bien de souffrir cent ans les douleurs les plus aiguës, pourvu que le bon Dieu daignât m'accorder la conversion de ma paroisse. »

Et, malgré ses souffrances, il ne se ménageait jamais et n'accordait à son corps que ce qu'il fallait pour l'empêcher de mourir. Une fois, après avoir mangé une pomme de terre moitié cuite, il allait en prendre une seconde : « Non, dit-il; la première était pour le besoin, la seconde serait pour le plaisir. »

Parfois il couchait à la cave sur une poignée de paille. On l'entendit un jour se flageller cruellement pendant deux heures avec une de ces disciplines de fer que l'on conserve encore.

Il se reprochait sa gourmandise, bien qu'il ne mangeât pas une livre de pain par semaine. Mgr Devie l'ayant obligé un jour à manger comme tout le monde et l'ayant servi lui-même, le saint curé fut si malade, que l'évêque lui dit : « Jeûnez en paix, mon ami; je ne vous obligerai plus à dîner avec moi. »

Sa patience était parfaite, aussi bien envers les choses qu'envers les hommes, et on ne le vit jamais ému d'un autre sentiment que la plus pure charité.

C'est surtout dans les épreuves de tous les jours que brille la patience. M. Vianney en donna l'exemple dans ses rapports avec son premier vicaire. Ce prêtre pieux et zélé, qu'il avait désiré pour collaborateur, lui devint une pesante croix par les erreurs de son zèle et les aspérités de son caractère. Quand il disait des missionnaires : « Ces bons messieurs m'ont appris ce que c'est que la charité, » il se reportait, sans y songer sans doute, à leur prédécesseur, et il disait d'ailleur plus directement à son évêque : « Je n'aurais jamais su que j'aimais un peu le bon Dieu, si je n'avais eu M. Raymond. » Cela prouve qu'un but commun et des qualités semblables ne constituent pas la sympathie, même entre deux hommes de bonnes intentions et de vertu. Il y faut plus, il y faut une secrète harmonie de la nature ou de la grâce. Plus d'une fois se sentant faiblir sous ce joug de la vie à deux, le saint curé demanda et obtint le changement de M. Raymond, qu'il stipulait toujours avantageux pour ce bon prêtre dont il faisait l'éloge. Mais bientôt sa patience se ravisait. Nous en savons plus d'un exemple. Un jour entre autres, c'était un mardi saint, il avait commandé au frère Athanase, dont nous tenons ce récit, une lettre à Mgr Devie; il se la fit apporter, la lut, la trouva bonne, la relut encore et l'approuva; tout à coup il la déchire en disant : « Je pensais que Notre-Seigneur a bien porté sa croix, et que je puis bien porter aussi la mienne. » Et le bon frère s'en alla en pleurant.

Il approchait du terme tant désiré; l'homme intérieur croissait de tout ce qu'il retranchait à l'homme extérieur. En même temps ses dons surnaturels grandissaient avec ses vertus. Son intuition surtout se faisait de plus en plus claire.

Le fondateur des frères de la Sainte-Famille vient lui recommander son œuvre naissante. Sans l'avoir jamais vu, il le reconnaît et l'appelle par son nom. Celui-ci n'en revient pas. « Les âmes du bon Dieu, lui répond M. Vianney, se reconnaissent partout. »

M. Dupont, le saint homme de Tours, étant sur son passage tandis qu'il se rendait à l'église, le saint curé, qui ne l'avait jamais vu, alla droit à lui : « Que nous serons heureux ensemble en paradis! » lui dit-il. C'est tout ce qu'il eut du curé d'Ars.

Mgr Baron, évêque d'Angers, n'étant encore qu'étudiant ecclésiastique et ayant des doutes sur sa vocation, s'était rendu à Ars et pensait bien attendre son tour comme les autres, trois ou quatre jours. Il le voit dans la foule, et, lui touchant l'épaule, il l'emmène au confessionnal, où il lui dit : « Non seulement vous serez prêtre, mais vous quitterez votre pays pour aller dans un champ plus vaste, où vous ferez beaucoup plus de bien. »

Un notaire avait trois filles. La seconde était religieuse, la dernière désirait le devenir. Le père, très peiné, se rend avec ses filles auprès du saint curé, qui, sans être prévenu de rien, parla aussitôt ainsi : « Mademoiselle, il faut vous marier et soutenir votre père. » Il s'adressait à l'aînée. « Vous, Mademoiselle, dit-il à la jeune, il faut entrer au couvent. Et vous, Monsieur, dit-il enfin, il faut accepter votre croix ; si vous la portez courageusement, elle vous portera au ciel. »

Le P. Nègre racontait en 1851, dans l'église de Fourvières, qu'en abordant le curé d'Ars, qui ne le connaissait pas, il reçut cette salutation : « Bonjour, mon père; comment vont vos soldats? » Et l'œuvre commençante était à peine connue.

Une personne pieuse et sainte qui voulait disposer de son bien pour de bonnes œuvres, avant de se faire religieuse, alla trouver le curé d'Ars. Mais, comme ses affaires étaient très compliquées, elle désespérait de les lui expliquer convenablement. Il ne la laisse pas continuer : « Assez, mon enfant, lui dit-il, je vois votre affaire. Disposez de votre fortune de telle et telle manière; mais faites telle bonne œuvre et hâtez-vous, car vous n'avez pas de temps à perdre. » Elle s'en retourne chez elle, aux environs de Montpellier. Elle suit tous les conseils du saint curé. Le lendemain, de retour de la messe où elle avait fait la sainte communion, elle est saisie d'une attaque de choléra et meurt dans la journée.

Cette histoire, que nous avons fort abrégée, est

racontée par un Père jésuite qui prêchait en 1854 à Avignon chez les Dames du Sacré-Cœur, et qui avait encouragé cette sainte fille, qu'il dirigeait, à recourir aux lumières du vénérable curé.

La veuve d'un officier supérieur, mort sans avoir eu le temps de se confesser, disait : « Ce saint prêtre m'a dit sur mon pauvre mari des choses qui m'ont bien consolée, des choses que Dieu seul et moi pouvions connaître. »

« En parlant à la famille des Garets d'une personne chérie que la mort venait d'enlever, rapporte M. Monnin, il disait : « Ah! elle est bien « placée! — Mon père, elle est donc au ciel? — Je « n'ai pas dit qu'elle fût au ciel, mais elle est très « près d'y entrer. »

Il refusa des messes qu'on le priait de célébrer pour M^lle^ Adèle de Murinais, disant : « C'est une de ces âmes pour lesquelles on ne prie pas. »

« Pendant la maladie de ma belle-sœur, raconte M. Toccanier, je demandai à notre vénérable père s'il pensait qu'elle guérirait. Jamais il n'a voulu répondre à ma question. Tout à coup il me pressa de partir pour Seyssel. C'était un dimanche, jour où il interdisait les voyages. A mon retour, j'ai su qu'après vêpres il avait dit avant de commencer le chapelet : « Nous allons prier « pour une personne qui est entre la vie et la « mort. » En l'abordant, je lui dis : « Mon père, « j'ai trouvé ma belle-sœur morte; je suis arrivé « quatre heures trop tard. — Je le pensais bien, « mon pauvre ami. »

« Quelques années avant, sur le point d'aller à Seyssel, à l'époque où le choléra y sévissait, je lui avais dit : « Monsieur le curé, reverrai-je ma « mère? — Oui, mon ami, » me répondit-il, sans la moindre hésitation. Cette chère mère a échappé à quinze heures de crampes. »

Il prédit à un témoin grave, au commencement de 1848, toute la suite des événements qui commençaient alors, l'empêcha de quitter la campagne, où il ne courait aucun risque, de retirer son fils du collège des Minimes de Lyon, où il n'y avait rien à craindre pour lui, et de surseoir à la fondation d'une école de Frères : « Sans doute, lui dit-il, il y aura du sang répandu, mais ce ne sera pas dans les grands centres. » Il a prédit au même témoin beaucoup d'événements postérieurs à 1852, et « j'ai vu, dit-il, s'accomplir la plupart des choses qui firent la matière de cet entretien ».

Une autre fois il prédit à une famille le retour de leur fils, soldat de Crimée, et la mort de leur fille religieuse, ce qui arriva exactement.

Une jeune femme, pendant la guerre d'Italie, tremble pour son mari : « Dites-lui qu'il n'y a rien à craindre, répond le curé, et que la paix va se faire. » C'était le 25 juin. L'entrevue de Villafranca eut lieu quelques jours après.

« Nous avons entendu pendant cette meurtrière campagne, raconte M. Monnin, M. Vianney dire du ton le plus affirmatif à une mère inquiète, qui lui demandait avec larmes: «Mon père, le rever-

« rai-je ? — Soyez tranquille, ma petite : oui, « bien sûr vous le reverrez. »

« Dans un de mes nombreux voyages à Ars, écrit Mme Raymond, j'étais chargé de recommander au bon père une femme d'un grand mérite, dont la mort allait faire à Châlon un de ces vides qui ne se réparent pas. M. le curé ne l'avait jamais vue et n'avait jamais entendu parler d'elle : « Mon enfant, me dit-il, elle est mûre « pour le ciel, le bon Dieu la demande,... ne re- « tardons pas son voyage. Dites à la mère de cette « petite sainte qu'elle se soumette; je prierai « pour elle. » Quinze jours après la pauvre mère renvoyait à Ars une personne de sa maison, pour interroger de nouveau le saint curé. La réponse fut la même : « Elle est mûre pour l'éternité, ne « la retenons pas. » Très peu de temps après cette belle âme partait pour le ciel. »

Citons un témoignage rendu au cours du procès de béatification :

« Le 8 mai 1841, m'étant rendu à Ars pour voir M. le curé, et arrivant au haut de son escalier, j'entendis la voix d'une dame qui disait : « Que voulez-vous que je demande à mon fils ? » Il répondit : « La conversion des pécheurs, le sou- « lagement des malades et en particulier la gué- « rison de cette personne. » Alors j'entrai dans la chambre et vis une dame vêtue d'une robe blanche, avec une couronne sur la tête, et je dis à cette dame que j'aimerais mieux mourir de mon cancer, pour aller au ciel, que de guérir. Elle ne répondit rien et disparut. Le vénérable serviteur de Dieu était en extase. Il dit : « Est-ce vous, « mon Dieu? » Je répondis : « Non, c'est moi, ce « n'est pas le bon Dieu. » Il me dit alors : « Si « vous dites cela, vous ne remettrez jamais les « pieds dans ma chambre. »

« Le 22 novembre 1856, rapporte M. Toccanier, M. le curé, en parlant des fondations qu'il venait de faire, m'avait dit qu'il cassait la tête à ses bons saints, pendant la nuit, à force de les prier : « Vous priez encore la nuit, monsieur le curé, lui « dis-je. — Quand je me réveille... Je suis vieux « maintenant, je n'ai pas beaucoup de temps à « vivre, il faut profiter de tous les moments... — « Vous couchez sur la dure, et vous ne dormez pas « beaucoup. » Avec un air pénétré, il m'a ré- « pondu : « On n'est pas toujours couché sur la « dure. »

Le 3 mai 1859, il raconta lui-même ceci à une personne respectable entrée dans son intimité la plus parfaite : « J'étais en peine de connaître la volonté de Dieu. Sainte Philomène m'est apparue; elle est descendue du ciel, belle, toute lumineuse, environnée d'un nuage blanc; elle m'a dit : « Tes œuvres sont bonnes, parce qu'il n'y a « rien de plus précieux que le salut des âmes. » Pendant qu'il me parlait de cette vision, ajoute cette personne, M. le curé était debout devant sa cheminée, les yeux élevés au ciel et la figure rayonnante à ce souvenir, qui semblait le ravir encore. » Il avait raconté cette vision à Catherine, avec moins de détails, au moment où il l'avait eue.

Il a fait d'autres confidences moins complètes : « Il y a deux mois environ, racontait-il devant M. Monnin, je ne dormais pas, j'étais assis sur mon lit, pleurant mes pauvres péchés. J'ai entendu une voix bien douce qui murmurait à mon oreille : *In te, Domine, speravi, non confundar in æternum.* Cela m'a un peu encouragé. Mais, comme le trouble persistait encore, la même voix a repris plus distinctement : *In te, Domine, speravi.* — Cette fois, ce n'était pas le grappin, assurément, qui vous tenait ce langage. — Il n'y a pas apparence. — Avez-vous vu quelque chose? — Non, mon ami. — C'était peut-être votre ange gardien? — Je ne sais pas. »

---

## XVIII

### Mort et funérailles de M. Vianney.

M. Vianney depuis longtemps n'avait que le souffle ; il avait perdu la voix, toute sa vie semblait s'être retirée dans son regard. Les chaleurs de juillet 1859 le terrassèrent. L'air empesté qu'il respirait dans sa petite église pleine, dans son confessionnal qu'il ne quittait guère, l'étouffait lentement. Il était déchiré par une toux continuelle, dont il disait en souriant :

« C'est ennuyeux, ça me prend tout mon temps. » Son corps était réduit à la forme d'une enveloppe transparente, l'âme l'avait usé. Il était allé au bout de lui-même. On lui disait de toutes parts : « Reposez-vous. » Il répondait : « Je me reposerai en paradis. »

Le vendredi 29 juillet, il fit son catéchisme, passa dix-sept heures au confessionnal, et termina sa journée par la prière publique. En rentrant, il s'affaissa sur une chaise : « Je n'en puis plus ! » fit-il. Et il ajouta : « Je connais quelqu'un qui serait bien attrapé s'il n'y avait pas de paradis. — Monsieur le curé, lui avait-on répondu, Dieu en ferait un exprès pour vous. — Ah ! je pense souvent que, quand même il n'y aurait pas d'autre vie, ce serait un assez grand bonheur d'aimer Dieu dans celle-ci, de le servir et de pouvoir faire quelque chose pour sa gloire. »

On se retira, et il demeura seul jusqu'à une heure du matin. Alors, voulant se lever, il retomba. Il appelle, on arrive : « Vous êtes fatigué, monsieur le curé ? — Oui, je crois que c'est ma pauvre fin. — Je vais chercher du secours. — Non, ne dérangez personne, ce n'est pas la peine. »

Il avait eu, sans doute, la révélation de sa fin. Quand on lui fit cadeau d'un beau ruban pour soutenir l'ostensoir, il dit : « Je ne m'en servirai qu'une fois. » Et en signant son mandat de desservant : « Ce sera, dit-il, pour me faire enterrer. »

« Nous avons un document, dit M. Monnin, d'où il appert qu'au mois d'août 1858 il avait déclaré formellement qu'il n'avait que pour une année de vie, et qu'au mois d'août 1859 il devait quitter la terre. »

Le jour vint; il ne parla point de célébrer la sainte messe; il se laissa glisser un matelas, peut-être sans s'en apercevoir, mais il refusa le secours d'un éventail : « Laissez-moi, dit-il, avec mes pauvres mouches. »

« Monsieur le curé, lui dit-on, espérons que sainte Philomène, que nous allons mettre dans nos intérêts, vous guérira encore cette fois, comme elle l'a fait il y a dix-huit ans. — Oh! sainte Philomène, répondit-il, n'y pourra rien. »

« Vous souffrez beaucoup? » lui demandait-on. Un signe de tête résigné fut la réponse.

Le mal allait s'aggravant, et la douleur était à son comble autour de lui. Les pèlerins étaient consternés. Que dire de la famille spirituelle du saint curé : des missionnaires, dont il disait : « Ces bons messieurs m'ont appris ce que c'est que la charité; » des frères de la Sainte-Famille, et en particulier de ce bon frère Jérôme, que longtemps on ne put voir apparaître sans attendre à sa suite le saint curé; de ce Pagès qui, monté sur le toit, arrosait d'eau fraîche la couverture et les murailles du presbytère, pour soulager le malade accablé par la chaleur d'août; et de cet ami de trente ans qui ne le quitta pas pendant les quatre jours de sa dernière maladie, le digne maire de la paroisse dont M. Vianney était le pasteur?

Le mardi soir il demanda à être administré. Des prêtres nombreux des paroisses voisines se trouvèrent présents, et toute la paroisse entourait le malade. Une personne qui avait le droit de l'approcher le supplia de demander à ce moment sa guérison. Il fit signe que non. Il pleura quand la cloche annonça la visite du Rédempteur. Il pleura quand Mgr de Langalerie, qui arrivait en hâte, ému, priant à haute voix, vint lui donner sa dernière bénédiction. Ses yeux appesantis se rouvrirent et se fixèrent humides de larmes sur l'évêque, qu'il aimait d'une tendrese filiale. La nuit suivante, à deux heures du matin, il expirait sans agonie, au moment où M. Monnin récitait ces paroles de la recommandation de l'âme : « Que les saints anges de Dieu viennent à sa rencontre et l'introduisent dans la cité vivante, dans la céleste Jérusalem. »

Et en même temps tous les couvents chantaient à l'office nocturne, en l'honneur de saint Dominique, ces paroles qu'on pouvait si bien appliquer au curé d'Ars :

Dies refulsit lumine
Quo sanctus hic de corpore
Migravit inter sidera.

« Voici le jour où ce saint a quitté son corps pour aller habiter les cieux. »

Il s'endormait du sommeil des justes, le 4 août 1859, entre les bras de MM. Monnin et Toccanier, de M. des Garets et de plusieurs frères de la

Sainte-Famille, dont un seul survit encore en ce moment.

Tandis que l'on espérait encore au dehors, ces amis de toutes les heures lui rendaient les derniers devoirs. Les prêtres le revêtaient de son dernier rochet : « Déjà son corps avait été lavé avec un soin respectueux, comme on aurait pu faire d'une sainte relique. Nous remercierons Dieu toute notre vie, dit M. Monnin, d'avoir été choisi pour remplir, avec notre bien-aimé confrère l'abbé Descôtes, ce pieux office : d'avoir pu baiser encore un fois cette chair couverte des glorieux stigmates de la mortification, ces membres usés dans le service du Maître, ces mains innocentes qui ne se sont levées que pour bénir, ces pieds qui n'ont connu que les sentiers de la justice,... ces yeux qui voyaient Dieu, Notre-Seigneur, la sainte Vierge et les anges, et ne dédaignaient pas de s'ouvrir encore sur les plaies, les faiblesses, les misères et les hontes de l'humanité! »

Un frère de Saint-Jean-de-Dieu rasa cette sainte face, et c'est à ce moment que M. des Garets lui fit en pleurant ce touchant adieu : « Vous avez été notre ami sur la terre, soyez notre ami dans le ciel. »

Le corps du Bienheureux fut descendu dans une salle basse, ornée d'une tapisserie blanche, de guirlandes et de couronnes de fleurs. Les populations accouraient en foule. Les cloches sonnaient d'instant en instant. Les frères de la Sainte-Famille qui gardaient le défunt avaient tant d'objets à faire toucher à la dépouille mortelle, que leurs bras tombaient de lassitude.

Les obsèques n'eurent lieu que le samedi : « Les princes et les grands de la terre, dit M. le chanoine Olivier dans sa *Vie du curé d'Ars*, n'en ont pas de plus imposantes. Les habitants de la paroisse ouvraient la marche ; venaient ensuite plus de trois cents prêtres, accourus de tous les diocèses d'alentour, malgré la circonstance du samedi, qui en avait forcément retenu un grand nombre pour l'exercice du ministère. Les communautés religieuses des villes voisines y étaient représentées. Les dominicains de Lyon y avaient envoyé leur prieur, et le R. P. Hermann, que des circonstances providentielles avaient appelé dans les environs, y vint au nom des dignes enfants de Sainte-Thérèse. Le curé de Trévoux, chanoine honoraire, le sous-préfet de l'arrondissement et M. le comte des Garets, maire d'Ars soutenaient les coins du poêle. Les missionnaires de Pont-d'Ain, famille adoptive du serviteur de Dieu, et sa parenté de Dardilly, conduisaient le deuil. Plus de six mille étrangers inondaient les rues et la place.

« Toute cette multitude était calme, silencieuse et recueillie ; mais, au moment où parut le précieux cercueil, l'émotion s'empara de tous ces milliers de personnes, et l'on n'entendit plus qu'un bruit confus de gémissements, de cris, de supplications, de paroles de demande ou de reconnaissance. Cette scène inexprimable se renouvela toutes les fois que les dépouilles mortelles du serviteur de Dieu se montrèrent quelque part pour la première fois. »

En arrivant sur la place, Mgr de Langalerie fit arrêter le cortège et improvisa la touchante oraison funèbre qui a été publiée : « Courage, bon et fidèle serviteur, entrez dans la joie de votre Maître ! »

Puis le cortège reprit sa marche. L'église, trop petite, ne fut ouverte qu'au clergé et aux membres de la famille du défunt. Une brigade de gendarmerie maintenait l'ordre.

M. l'abbé Guillemin, ancien grand vicaire de Mgr Devie, chanta la grand'messe ; Mgr de Langalerie fit l'absoute, et l'on déposa provisoirement la dépouille mortelle du serviteur de Dieu dans la chapelle de Saint-Jean-Baptiste, devant ce confessionnal qui fut le théâtre de ses victoires et de son martyre.

Nous n'avons point à raconter ici les miracles qui suivirent le décès de M. Vianney, et qui ont motivé le procès de béatification, dont l'heureuse conclusion permet maintenant de mettre sur nos autels le bienheureux curé d'Ars.

BIBLIOTHÈQUE NATIONALE R.F.

FIN

# TABLE

—

36389. — Tours, impr. Mame.

BIBLIOTHEQUE NATIONALE
Désinfection 1976
N° 336

## FORMAT IN-12 — 3e SÉRIE

### BIBLIOTHÈQUE ÉDIFIANTE

Bienheureux Jean-Marie-Baptiste Vianney, curé d'Ars (Le), par A. Jeanniard du Dot.

Don Bosco, par A. Jeanniard du Dot.

Grotte de Lourdes (Histoire de la), par l'abbé A. Aubert.

Notre-Seigneur Jésus-Christ (Vie de), par M. l'abbé Verger, chanoine honoraire de Tours.

Saint Antoine de Padoue, par Joseph Boucard.

Saint Benoit (Vie et miracles de), par Joseph Boucard.

Sainte Élisabeth de Hongrie (Histoire de), par D. S.

Saint François d'Assise, par M. l'abbé Verger, chanoine honoraire de Tours.

Saint François de Sales, par Marsollier.

Saint François Xavier (Vie de), apôtre des Indes et du Japon.

Sainte Geneviève, patronne de Paris (Vie de), par D. S.

Saint Louis, roi de France (Histoire de), par de Bury.

Saint Louis de Gonzague (Vie de), par le P. Virgile Ceprari.

Saint Martin, évêque de Tours (Histoire populaire de), par N. Cruchet et A.-H. Juteau.

Saint Pierre, prince des apotres et premier pape, par M. l'abbé Janvier.

Saint Vincent de Paul, instituteur de la congrégation de la Mission et des Filles de la Charité, d'après M. Collet.

Très sainte Vierge (Vie de la), par M. l'abbé Bourassé.

www.ingramcontent.com/pod-product-compliance
Ingram Content Group UK Ltd.
Pitfield, Milton Keynes, MK11 3LW, UK
UKHW022112260726
13993UKWH00001B/478